本书是教育部人文社会科学研究一般项目"价值链数字化下参与全球生产网络地域特征演变与我国制造业国际分工地位提升研究"（项目编号：20YJC790185）、河北省社会科学发展研究重点课题"全球价值链数字化下世界级先进制造业集群演进及其对雄安的启示研究"（项目编号：20210101019）和河北省高等学校人文社会科学研究青年拔尖人才项目"数字技术创新对全球价值链贸易隐含碳排放的影响研究"（项目编号：BJS2022019）的阶段性成果。

河北大学燕赵文化高等研究院
INSTITUTE FOR ADVANCED STUDY OF YANZHAO CULTURE,HEBEI UNIVERSITY

成果文库

数字服务贸易自由化对制造业出口国内增加值率的影响

THE IMPACT OF DIGITAL SERVICE TRADE LIBERALIZATION ON DOMESTIC VALUE-ADDED RATE OF MANUFACTURING EXPORTS

赵立斌 孙玉颖 著

社会科学文献出版社
SOCIAL SCIENCES ACADEMIC PRESS (CHINA)

前　言

随着第四次工业革命和数字全球化浪潮的兴起，制造业对5G、人工智能、3D打印等形式的数字服务需求日益增加，促进了全球数字服务外包的迅猛增长，特别是新冠肺炎疫情全球蔓延，制造业数字服务化进程进一步加速，全球生产网络的发展更大程度上取决于跨境数据流动与数字服务贸易的自由发展。遗憾的是，随着新的数字服务贸易保护主义兴起，各国政府特别是发展中国家在促进开放型经济发展过程中兼顾效率的同时更加关注安全因素，甚至不惜引入更多数字服务贸易限制性措施，不仅进一步强化了发达经济体在数字服务贸易领域的优势，加剧了全球数字服务贸易鸿沟，也对过去几十年来建立起来的产品内分工体系基础产生重大冲击，引发全球生产网络结构及全球竞争格局的深度调整，更对我国产业链现代化、高级化水平提升，全球制造业中心地位的巩固与全球需求中心地位的培育造成不可忽视的影响。

如果推动数字服务贸易自由化会对以我国为代表的发展中经济体制造业出口国内增加值率产生较大的正面影响，那未来为促进我国产业链现代化、高级化水平提升，我国在制定数字服务贸易政策时，就应在数字服务贸易自由化对制造业出口国内增加值率的影响与政府追求的保护和安全等目标之间进行仔细权衡，以便在合法监管与制造业成本过度增加之间取得适当平衡，进而通过有序推动数字服务贸易自由化提升，促进我国制造业出口国内增加值率与全球价值链地位的不断攀升，从而也可为更多发展中经济体通过推动数字经济与数字贸易自由开放发展、促进参与全球生产网络升级提供中国模式与中国样板，遂组织本专著的撰写工作。

在本专著撰写过程中，赵立斌和孙玉颖负责主体架构的设计与主体章节的内容编写，张梦雪同学在第二章数字贸易自由化部分的数据整理、图表绘制、内容撰写中做了大量实质性工作，此外，第三章重点国家出口国内增加值率部分也蕴含着张梦雪、肖瑶、阎瑞雪、曹梓琳、丁毅、张荷苑、谢璐羽等同学的大量心血，在此一并感谢。

摘　要

近年来，随着制造业服务化与服务贸易数字化的不断发展，制造业价值链数字服务化水平也在不断提升。特别是新冠肺炎疫情的全球蔓延，更加大了制造业对数字服务的需求。与此同时，全球特别是发展中国家出于安全与保护国内市场的目的，出台更多对数字服务贸易的限制措施，对数字服务贸易自由化发展产生一定的负向冲击，进而对制造业出口国内增加值率提升产生一定的影响。

从数字服务贸易限制总指数来看，大部分国家的数字服务贸易限制数值都较低。随着数字化的不断发展，数字服务贸易构成了全球经济增长与结构转型的新引擎，各国都越来越重视数字服务贸易自由化对于自身发展的影响和作用。从具体国家的数字服务贸易限制指数数值来看，金砖国家及拉美国家由于数字技术处于起步发展时期，为防止本国市场遭到强势服务的冲击，政府多采取限制政策以保护本国数字服务市场，而欧美等发达国家数字服务贸易限制指数较低，数字服务贸易自由化水平较高。我国虽然数字技术较为先进，但数字服务贸易仍处于起步阶段，所以对数字服务限制也比较高。

数字服务贸易已成为全球服务贸易的重要形态和关键力量。发达经济体与发展中经济体的数字服务出口规模不断扩大，但发展中经济体与发达经济体间的数字鸿沟问题仍然严峻。从数字服务出口份额来看，无论是发达经济体还是发展中经济体，其数字服务出口在总服务出口中的比重达一半以上，且均呈不断上升趋势，说明数字服务贸易自由化程度不断提升。

各国政府对数字贸易规则日益重视，含数字贸易规则的RTA数量在近20年来蓬勃发展，整体呈直线增长趋势。无论是采用美式、欧式还是其他模板，各国签署生效的数字贸易协定数量均呈上升趋势。RTA中的数字贸易条款分值总体上呈现快速上升的态势，并且近年来增长速度有所加快，其中电子商务条款分值较大，其次是知识产权条款和数据自由流动条款，数据保护与网络安全条款分值最小，而且这四种条款分值都在不断上升。发达经济体总条款的平均深度、条款覆盖率和条款广度要远高于发展中经济体，说明发达经济体数字服务贸易自由化程度更高。

2000~2019年全球制造业出口国内增加值率呈下降趋势。制造业总体以及高、中、低技术行业国内增加值率下降的国家远多于上升的国家，在62个经济体中，制造业总体方面43个下降，高技术行业42个下降，中技术行业41个下降，低技术行业47个下降。特别是传统贸易出口国内增加值率与简单价值链贸易下降趋势明显，复杂价值链贸易逐渐上升，但复杂价值链贸易出口国内增加值率最小。大部分国家制造业总体以及高、低技术行业中传统贸易出口国内增加值率最大，中技术行业则是简单价值链贸易出口国内增加值率最大。另外，从中国发展情况来看，中技术制造业复杂价值链出口国内增加值率高于低技术、高技术行业。

数字服务贸易自由化主要通过促进国内外数字服务与技术竞争、促进国内数字服务创新以及促进国内外数字服务向制造业协同渗透，提高制造业数字化水平，降低制造业成本，促进制造业生产柔性提升，进而提升制造业创新能力，降低最终需求驱动型产业转移的承接，提高中间需求和出口需求驱动型产业转移的承接，提升出口国内增加值率。

数字服务贸易自由化对制造业复杂价值链出口国内增加值率提升有显著正向影响；数字服务贸易自由化能够有效提升低、高技术制造业价值链出口国内增加值率，且对低技术行业的提升作用更大。另外，数字服务贸易自由化对发达经济体与发展中经济体的低、高技术制造业复杂价值链贸易出口国内增加值率都具有正向作用，且对发展中经济体的影响潜力要大于发达国家。

我国要突破数字服务贸易壁垒，提升数字服务贸易自由化水平；推动数字服务贸易规则标准制定，加强数字服务贸易国际合作；提升制造业与数字服务技术的融合能力，推动制造业数字服务化升级；分层次、有步骤地推动我国不同技术密集型制造业数字服务化程度提升；加强数字服务贸易人才培养，为制造业出口国内增加值率提升提供智力支持。

目 录

第一章 绪论 ··· 1
　第一节 研究背景和意义 ·································· 1
　第二节 国内外研究现状 ·································· 2
　第三节 研究内容 ·· 32
　第四节 研究方法和创新点 ······························· 33

第二章 数字服务贸易自由化的现状分析 ···················· 35
　第一节 数字服务贸易自由化的测度方法与资料来源 ········ 35
　第二节 全球及主要经济体数字服务贸易自由化现状 ········ 41

第三章 制造业出口国内增加值率的现状分析 ··············· 106
　第一节 出口国内增加值率的测度方法与资料来源 ·········· 106
　第二节 全球及各经济体制造业出口国内增加值率现状
　　　　 ·· 110

第四章 数字服务贸易自由化对制造业出口国内
　　　 增加值率影响的理论分析 ························· 163
　第一节 数字服务贸易自由化对制造业总体出口国内
　　　　 增加值率的影响机制 ··························· 163

第二节　数字服务贸易自由化对制造业分行业出口国内
　　　　　　增加值率的影响差异……………………………… 174

**第五章　数字服务贸易自由化对制造业出口国内增加值率
　　　　　影响的实证分析**……………………………………… 176
　　第一节　模型设定与变量选择……………………………… 176
　　第二节　实证检验与结果分析……………………………… 179

第六章　研究结论与对策建议……………………………………… 193
　　第一节　主要研究结论……………………………………… 193
　　第二节　对策建议…………………………………………… 196

表目录

表 2-1	数字贸易自由化指标测算方法	39
表 2-2	主要国家分政策领域限制指数差额	48
表 2-3	2014~2021年全球各分项数字服务贸易限制性指数	50
表 2-4	主要经济体数字服务出口份额变化	62
表 2-5	主要经济体数字服务进口份额变化	69
表 2-6	主要经济体数字服务贸易份额变化	74
表 2-7	采用不同模板数字贸易协定的经济体分布	79
表 2-8	发达经济体签署协议中条款总深度排名前10的经济体	88
表 2-9	发展中经济体签署协议中条款总深度排名前10的经济体	90
表 2-10	发达经济体签署协议中条款总覆盖率排名前10的经济体	92
表 2-11	发展中经济体签署协议中条款总覆盖率排名前10的经济体	94
表 2-12	发达经济体签署协议中条款广度（单词数）排名前10的经济体	96
表 2-13	发展中经济体签署协议中条款广度（单词数）排名前10的经济体	98

表 2-14	发达经济体签署协议中条款广度（文章数）排名前 10 的经济体	100
表 2-15	发展中经济体签署协议中条款广度（文章数）排名前 10 的经济体	102
表 3-1	双边出口贸易分解	108
表 3-2	ADB-MRIO 数据库所使用的制造业一级部门分类	109
表 3-3	全球制造业及分行业出口国内增加值率变化	113
表 3-4	中、日、美、德制造业出口国内增加值率比较	154
表 3-5	中、日、美、德高技术制造业出口国内增加值率比较	156
表 3-6	中、日、美、德中技术制造业出口国内增加值率比较	158
表 3-7	中、日、美、德低技术制造业出口国内增加值率比较	159
表 5-1	单位根检验	179
表 5-2	数字服务贸易自由化与制造业出口国内增加值率相关性分析	180
表 5-3	数字服务贸易自由化对制造业 DVAR 的影响	182
表 5-4	数字服务贸易自由化对制造业出口国内增加值率的影响	183
表 5-5	稳健性检验结果	184
表 5-6	数字服务贸易自由化对低技术制造业出口国内增加值率的影响	186
表 5-7	数字服务贸易自由化对高技术制造业出口国内增加值率的影响	188

表 5-8 数字服务贸易自由化对中技术制造业出口国内
　　　　增加值率的影响 ………………………………… 189
表 5-9 数字服务贸易自由化对不同收入水平经济体制造业
　　　　DVAR_INTrex 的影响 …………………………… 191
表 5-10 数字服务贸易自由化对不同行业制造业出口国内
　　　　增加值率的影响 ………………………………… 192
表 5-11 数字服务贸易自由化对不同经济体制造业复杂价值链
　　　　贸易出口国内增加值率的影响 ………………… 192

图目录

图 2-1　2020年各国数字服务贸易限制总指数与分政策领域限制指数 …………………………………… 42
图 2-2　数字服务贸易限制总指数 …………………………… 46
图 2-3　发达国家与发展中国家数字服务贸易限制总指数 …… 47
图 2-4　2014年与2021年各国金融保险服务贸易限制指数 …………………………………………………… 51
图 2-5　2014年与2021年各国ICT服务贸易限制指数 ……… 53
图 2-6　2014年与2021年各国专业服务贸易限制指数 ……… 54
图 2-7　2014年与2021年各国个人文娱服务贸易限制指数 ……………………………………………………… 56
图 2-8　2005~2020年全球数字服务出口量、出口增速以及出口份额 …………………………………… 58
图 2-9　2010年与2020年发达经济体数字服务出口份额 ……………………………………………………… 60
图 2-10　2010年与2020年发展中经济体数字服务出口份额 ……………………………………………… 61
图 2-11　2005~2020年全球数字服务进口量、进口增速以及进口份额 ………………………………… 64
图 2-12　2010年与2020年发达经济体数字服务进口份额 …… 66

图 2-13	2010 年与 2020 年发展中经济体数字服务进口份额	67
图 2-14	2005~2020 年全球数字服务贸易规模、增速以及份额变化	69
图 2-15	2010 年与 2020 年发达经济体数字服务贸易份额	71
图 2-16	2010 年与 2020 年发展中经济体数字服务贸易份额	72
图 2-17	2001~2022 年全球 RTA 数量增长趋势	76
图 2-18	2001~2022 年全球数字贸易协定数量增长趋势	76
图 2-19	2001~2022 年全球不同模板的 RTA 数量增长趋势	78
图 2-20	2001~2022 年区域贸易协定中数字贸易规则分值数	80
图 2-21	2001~2022 年数字贸易协定覆盖数字贸易条款数	80
图 2-22	2001~2022 年区域贸易协定中电子商务条款的文章数和单词数	81
图 2-23	2021 年发达经济体数字贸易条款深度	82
图 2-24	2021 年发达经济体数字贸易条款覆盖率	83
图 2-25	2021 年发达经济体数字贸易条款广度	84
图 2-26	2021 年发展中经济体数字贸易条款深度	85
图 2-27	2021 年发展中经济体数字贸易条款覆盖率	86
图 2-28	2021 年发展中经济体数字贸易条款广度	87
图 3-1	总贸易核算框架（WWZ, 2018）	107
图 3-2	2000 年、2007~2019 年全球制造业总出口国内增加值率变化趋势	112
图 3-3	2007 年与 2019 年各经济体制造业出口国内增加值率	115

图 3-4	2007年与2019年各经济体高技术制造业出口国内增加值率	117
图 3-5	2007年与2019年各经济体中技术制造业出口国内增加值率	118
图 3-6	2007年与2019年各经济体低技术制造业出口国内增加值率	120
图 3-7	2000年和2007~2020年中国传统贸易出口国内增加值率（WWZ框架）	122
图 3-8	2000年和2007~2020年中国简单价值链贸易出口国内增加值率（WWZ框架）	122
图 3-9	2000年和2007~2020年中国复杂价值链贸易出口国内增加值率（WWZ框架）	123
图 3-10	2000年和2007~2020年中国全球价值链贸易出口国内增加值率（WWZ框架）	124
图 3-11	2000年和2007~2020年中国总的出口国内增加值率（WWZ框架）	125
图 3-12	2000年和2007~2020年中国传统贸易出口国内增加值率（Borin出口部门）	125
图 3-13	2000年和2007~2020年中国简单价值链贸易出口国内增加值率（Borin出口部门）	126
图 3-14	2000年和2007~2020年中国复杂价值链贸易出口国内增加值率（Borin出口部门）	127
图 3-15	2000年和2007~2020年中国全球价值链贸易出口国内增加值率（Borin出口部门）	128
图 3-16	2000年和2007~2020年中国总的出口国内增加值率（Borin出口部门）	128
图 3-17	2000年和2007~2020年美国传统贸易出口国内增加值率（WWZ框架）	129

图 3-18　2000 年和 2007~2020 年美国简单价值链贸易出口
国内增加值率（WWZ 框架） ……………………… 130

图 3-19　2000 年和 2007~2020 年美国复杂价值链贸易出口
国内增加值率（WWZ 框架） ……………………… 131

图 3-20　2000 年和 2007~2020 年美国全球价值链贸易出口
国内增加值率（WWZ 框架） ……………………… 132

图 3-21　2000 年和 2007~2020 年美国总出口国内增加值率
（WWZ 框架） ……………………………………… 133

图 3-22　2000 年和 2007~2020 年美国传统贸易出口国内增加
值率（Borin 原产值） ……………………………… 133

图 3-23　2000 年和 2007~2020 年美国简单价值链贸易出口
国内增加值率（Borin 原产值） …………………… 134

图 3-24　2000 年和 2007~2020 年美国复杂价值链贸易出口
国内增加值率（Borin 原产值） …………………… 135

图 3-25　2000 年和 2007~2020 年美国全球价值链贸易出口
国内增加值率（Borin 原产值） …………………… 136

图 3-26　2000 年和 2007~2020 年美国总出口国内增加值率
（Borin 原产值） …………………………………… 137

图 3-27　2000 年和 2007~2020 年德国传统贸易出口国内
增加值率（WWZ 框架） …………………………… 138

图 3-28　2000 年和 2007~2020 年德国简单价值链贸易出口
国内增加值率（WWZ 框架） ……………………… 138

图 3-29　2000 年和 2007~2020 年德国复杂价值链贸易出口
国内增加值率（WWZ 框架） ……………………… 139

图 3-30　2000 年和 2007~2020 年德国全球价值链贸易出口
国内增加值率（WWZ 框架） ……………………… 140

图 3-31　2000 年和 2007~2020 年德国总出口国内增加值率
（WWZ 框架） ……………………………………… 141

图 3-32	2000年和2007~2020年德国传统贸易出口国内增加值率（Borin出口部门）	141
图 3-33	2000年和2007~2020年德国简单价值链贸易出口国内增加值率（Borin出口部门）	142
图 3-34	2000年和2007~2020年德国复杂价值链贸易出口国内增加值率（Borin出口部门）	143
图 3-35	2000年和2007~2020年德国全球价值链贸易出口国内增加值率（Borin出口部门）	144
图 3-36	2000年和2007~2020年德国总出口国内增加值率（Borin出口部门）	144
图 3-37	2000年和2007~2020年日本传统贸易出口国内增加值率（WWZ框架）	145
图 3-38	2000年和2007~2020年日本简单价值链贸易出口国内增加值率（WWZ框架）	146
图 3-39	2000年和2007~2020年日本复杂价值链贸易出口国内增加值率（WWZ框架）	147
图 3-40	2000年和2007~2020年日本全球价值链贸易出口国内增加值率（WWZ框架）	148
图 3-41	2000年和2007~2020年日本总出口国内增加值率（WWZ框架）	149
图 3-42	2000年和2007~2020年日本传统贸易出口国内增加值率（Borin出口部门）	150
图 3-43	2000年和2007~2020年日本简单价值链贸易出口国内增加值率（Borin出口部门）	150
图 3-44	2000年和2007~2020年日本复杂价值链贸易出口国内增加值率（Borin出口部门）	152
图 3-45	2000年和2007~2020年日本全球价值链贸易出口国内增加值率（Borin出口部门）	152

图 3-46　2000 年和 2007~2020 年日本总出口国内增加值率
　　　　 （Borin 出口部门） …………………………………… 153
图 4-1　数字服务贸易自由化对出口国内增加值率影响的
　　　　 作用机制 …………………………………………………… 172

第一章 绪论

第一节 研究背景和意义

一 研究背景

随着国际分工的不断深化,仅以传统贸易规模来衡量各国竞争力已不够全面,基于全球价值链视角的国内增加值率逐渐成为判断一国贸易利得的指标。近年来,我国凭借市场、成本等优势,发展成为世界制造业大国。然而,随着全球经济增速放缓、国内生产要素成本上升等压力的出现,我国制造业发展陷入低价值增值化的困境,亟须寻找新的增长动力,以解决长期位于全球价值链中低端的困局,而促进制造业出口国内增加值率的提升便成为实现我国制造业转型升级和迈向全球价值链中高端的重要途径。

另外,随着制造业服务化与服务贸易数字化的不断发展,制造业价值链数字服务化水平也在不断提升。与此同时,数字服务贸易自由化也逐渐成为各国经济增长的新动能。但由于全球经济的不确定性增加,各国特别是部分发展中经济体出于安全与保护国内市场的目的，出台了更多数字服务贸易限制措施，对数字服务贸易自由化发展产生一定的负向冲击，进而对制造业出口国内增加值率的提升产生了一定的影响。

鉴于以上背景，本书以数字服务贸易自由化对制造业出口国内增加值率的影响为主要研究对象，在研究数字服务贸易自由化与制造业出口国内增加值率发展现状的基础上，就数字服务贸易自由化对制造业出口国内增加值率的影响进行理论分析与实证检验，进而提出通过促进数字服务贸易自由化发展，提升我国制造业出口国内增加值率的对策建议。

二 研究意义

（一）理论意义

现有文献主要聚焦贸易自由化与制造业出口国内增加值率的相关性研究，本书将数字服务贸易自由化与制造业出口国内增加值率同时纳入分析框架，梳理了数字服务贸易自由化对制造业出口国内增加值率提升的影响机制，并对其进行实证检验，丰富了相关的理论与实证研究。

（二）现实意义

本书的研究可为我国通过有序推动数字服务贸易各政策领域及各分项服务开放，促进数字服务贸易自由化，提升价值链数字服务化水平，进而为促进制造业出口国内增加值率提升相关政策的制定提供依据。

第二节 国内外研究现状

与本书相关的研究，主要集中于数字服务贸易自由化、出口国内增加值率与数字服务贸易自由化对出口国内增加值率的影响三方面，下文分别对其予以综述。

一 关于数字服务贸易自由化的相关研究

当前，学术界关于数字服务贸易自由化的相关研究主要集中于数字贸易、数字服务贸易以及数字服务贸易自由化三个方面。

（一）关于数字贸易界定与发展的研究

关于数字贸易的概念，学术界尚无统一的标准定义。Weber提出，数字贸易是以数字产品和服务为核心，通过互联网等电子手段传递有价值产品或服务的商业活动[1]。美国国际贸易委员会（USITC）提出数字贸易是指互联网和基于互联网的一系列技术在产品的订购和生产或者提交和服务方面发挥着重要作用的美国国内商业和国际贸易，2017年，又把数据的跨境流动以及相关的数字平台与应用等囊括进数字贸易的范畴[2]。陆菁和叶亚露提出数字贸易是以互联网为基础，借助数字交换技术，为供需双方提供交流互动所需的数字电子信息，从而实现数字信息贸易标准的一种创新商业模式[3]。中国信息通信研究院发布的《数字贸易发展白皮书（2020年）》中提出数字贸易是数字经济的重要组成部分，主要以贸易方式的数字化（跨境电商）以及贸易对象的数字化（数字产品与

---

[1] Weber R. H., "Digital trade in WTO law taking stock and looking ahead", *Asian Journal of WTO and International Health Law and Policy*, 2010, 5 (1): 1-24.

[2] United States International Trade Commission (USITC), Global Digital Trade 1: Market Opportunities and Key Foreign Trade Restrictions, USITC Publication, 2017. 马述忠、房超、梁银锋:《数字贸易及其时代价值与研究展望》,《国际贸易问题》2018年第10期，第16~30页。

[3] 陆菁、叶亚露:《数字贸易对中国产业转型升级的影响——以Kindle为例》,《文化产业研究》2017年第2期，第168~184页。

服务以及跨境数据流）为突出特征[①]。综上所述，随着数字技术的不断迭代创新及其对传统产业的改造与升级，数字贸易的范畴也在不断拓展，从2013年最初偏重于数字化传输的数字内容服务，到2014年扩展到数字化生产、数字化订购的相关产品与服务的贸易，到2017年再扩展到跨境数据流动。

关于数字贸易发展的研究，国内学者大多认为数字贸易发展前景广阔，必将给经济发展带来新的动力，但依旧存在许多挑战与风险。王晶在研究中发现释放数字贸易的最大潜力能够促进一国的经济发展[②]。沈玉良和金晓梅提出数字产品将会影响到一国全球价值链地位的提升[③]。于立新和何梦婷指出数字贸易必将成为国家经济发展的新动能[④]。另外，许多学者也对数字贸易发展的风险进行了研究，并给出了相应建议。何其生在研究中通过对比美国数字贸易发展的情况，建议中国应制定完善的数字贸易法律规范，为我国数字产品的国际贸易创造良好的法律环境[⑤]。李忠民和周维颖提出相对于发达国家，中国数字贸易存在水平低、风险多等诸多问题，同时提出我国数字贸易的发展具有规则制度发展不足、支持性要素供

[①] 中国信息通信研究院：《数字贸易发展白皮书（2020年）》，2020年12月16日。
[②] 王晶：《发达国家数字贸易治理经验及启示》，《开放导报》2016年第2期，第50~54页。
[③] 沈玉良、金晓梅：《数字产品、全球价值链与国际贸易规则》，《上海师范大学学报》（哲学社会科学版）2017年第1期，第90~99页。
[④] 于立新、何梦婷：《数字贸易发展与中国面临的挑战》，《世界知识》2017年第16期，第20~23页。
[⑤] 何其生：《美国自由贸易协定中数字产品贸易的规制研究》，《河南财经政法大学学报》2012年第5期，第142~153页。

应不及时以及贸易水平低的缺陷①。陆菁和傅诺提出中国发展数字贸易需要尽快完善我国的知识产权保护法律法规，同时提升相应的技术水平并加快区域服务贸易协定的签订②。

综上所述，数字贸易的发展将在很大程度上促进一国的经济发展，为经济的升级提供新动能，中国的数字贸易存在较大的发展空间。

（二）关于数字服务贸易概念与测度的研究

关于数字服务贸易的定义特别是对其具体服务种类和理解尚无统一的国际标准，但一般认为，数字服务贸易是指通过网络传输提供数字产品和服务的贸易。经济合作与发展组织（OECD，以下简称"经合组织"）认为数字服务贸易是指通过信息和通信网络进行跨境传输和交付的贸易，包括电子书、软件、数据和数据库服务等③。中国信息通信研究院发布的《数字贸易发展白皮书（2020年）》中参考UNCTAD报告④，指出数字服务贸易是通过信息通信网络（语音和数据网络等）跨境传输交付的贸易，扩大的国际收支服务分类（EBOPS）的12类服务贸易中有6类与数字交付服务贸易有关，即数字服务贸易。它们是保险服务、金融服务、知识产权服务、信息通信技术服务、其他商业服务和个人娱乐服务。其他商业服务包括研发、会计、法律、广告、管理咨询、公共关系和其他贸易服务⑤。

---

① 李忠民、周维颖：《美国数字贸易发展态势及我国的对策思考》，《全球化》2014年第11期，第60~72+134页。

② 陆菁、傅诺：《全球数字贸易崛起：发展格局与影响因素分析》，《社会科学战线》2018年第11期，第57~66+281+2页。

③ OECD, Towards a handbook on measuring digital trade: status update, 2019-09-19, http://coi.mofcom.gov.cn/article/y/gnxw/201910/20191002901732.shtml.

④ 联合国贸易与发展会议：《ICT服务贸易和ICT赋能服务贸易》，2015。

⑤ 中国信息通信研究院：《数字贸易发展白皮书（2020年）》，2020年12月16日。

关于数字服务贸易的测度与统计，国际上没有固定的方式。美国国际贸易委员会（USITC）从统计数字产品与服务及统计互联网宽带跨境数据流两方面测度，同时提出可以用全部数字化的服务产业近似替代数字服务贸易，其认为可视作全部数字化的产业包括：金融与保险服务，个人文化与娱乐服务，医疗服务，教育等，专利费与许可费服务，商业、专业与技术服务[①]。陆菁和傅诺参考美国商务部经济分析局报告[②]，挑选数字化程度高且数据完整的行业作为数字服务贸易的衡量指标，主要包括金融服务，保险服务，个人文化与娱乐服务，知识产权服务，电子、计算机与信息服务，专业、管理咨询服务，研发测试服务，经营租赁服务[③]。

国内对数字服务贸易的研究相对较少。数字服务贸易作为新兴经济增长的驱动力，对一国经济增长具有积极的促进作用，我国数字服务贸易仍有较大的发展空间。王拓在研究了世界上主要国家的数字服务贸易及相关政策后，提出数字技术应用的深化促进了服务贸易的数字化发展[④]。岳云嵩和李柔通过比较各国数字服务贸易的国际竞争力，指出全球数字贸易的快速增长正成为服务贸易增长的关键驱动力，中国应抓住数字服务贸易的发展机遇，提升本国经济

[①] United States International Trade Commission（USITC），Digital trade in the U. S. and global economics，USITC Publication，2013，2014.
[②] Borga M.，Koncz-Brunei J.，Trends in Digitally-Enabled Trade in Services，Bureau of Economic Analysis US Department of Commerce，2012.
[③] 陆菁、傅诺：《全球数字贸易崛起：发展格局与影响因素分析》，《社会科学战线》2018 年第 11 期，第 57~66+281+2 页。
[④] 王拓：《数字服务贸易及相关政策比较研究》，《国际贸易》2019 年第 9 期，第 80~89 页。

与贸易的服务化程度①。王晓红等在研究中国数字服务贸易发展时发现,"十三五"时期中国数字服务贸易规模不断扩大,国际竞争力不断提高。在"十四五"时期,应利用全球数字经济和数字贸易快速发展及"一带一路"市场广阔等有利条件,发展我国的数字服务贸易②。

综上所述,数字服务贸易是在数字贸易的基础上通过互联网传输数字产品与服务的贸易形式。当今国际上并没有固定的对数字服务贸易进行测度的方法,大多是在美国国际贸易委员会(USITC)方法的基础上进行数字服务贸易行业的分类与测度。尽管对于数字服务贸易的研究并不多,但现有学者的研究大多支持数字服务贸易会推动一国的经济发展这一观点。

(三)关于数字服务贸易自由化的研究

关于数字服务贸易自由化的研究较少,因此本部分对服务贸易自由化与数字服务贸易自由化相关研究成果进行梳理。

1. 关于服务贸易自由化的研究

目前,学者和研究机构对服务贸易自由化有不同的定义,世界贸易组织《服务贸易总协定》的定义是通过多轮连续的定期谈判,实现完整的具体承诺或修改,目的是减少甚至消除对服务贸易的阻碍作用,降低服务贸易壁垒,为服务贸易发展提供有效的开放市场。

关于服务贸易自由化的测度研究,已有文献测度方法分为三

---

① 岳云嵩、李柔:《数字服务贸易国际竞争力比较及对我国启示》,《中国流通经济》2020年第4期,第12~20页。
② 王晓红、朱福林、夏友仁:《"十三五"时期中国数字服务贸易发展及"十四五"展望》,《首都经济贸易大学学报》2020年第6期,第28~42页。

种：直接测度法、间接测度法、OECD 服务贸易限制性指数测度法。直接测度法是在一国明确规定的服务贸易限制措施的基础上，直接测量各种限制壁垒的出现频率。Bernard 利用服务贸易总协定成员国的国家时间表构造了频率指数[①]。Hardin 利用服务贸易实际外商直接投资的相关规定，构建外商直接投资限制指数[②]。Nicoletti 等构建限制度指数的方法与 Hardin 类似，但运用了因素分析的方法赋予权重[③]。间接测度法是通过观察实际经济状况与假定贸易自由所预期的情况之间的差距推断是否存在壁垒。Francois 和 Hoekman 灵活运用了引力模型，对美国及其主要贸易伙伴国在无贸易壁垒状况下的双边建筑和金融服务贸易额进行了估计[④]。除了以上两种方法，经济合作与发展组织构造了国家服务贸易限制指数（STRI），该指数既包括服务贸易壁垒国家层面的限制指数，也包括不同分项服务与不同限制政策种类下的限制指数。马盈盈利用 OECD 服务贸易限制性指数衡量服务贸易的自由化程度。该值介于 0~100。值越小开放程度越高，0 表示没有限制，100 表示完全封闭[⑤]。

---

① Bernard H., "Assessing the general agreement on trade in services", The Uruguay Round and the Developing Economies, World Bank Discussion Paper, 1995.

② Hardin A., Services trade and foreign direct investment, Industry Commission Staff Research Paper, 1997.

③ Nicoletti G., Scarpetta S., Boylaud O., Summary indicators of product market regulation with an extension to employment production legislation, Working papers (Organisation for Economic Co-operation and Development. Economics Department), no. 226, 1999.

④ Francois J., Hoekman B., Market access in the service sectors, Tinbergen Institute, manuscript, 1999.

⑤ 马盈盈：《服务贸易自由化与全球价值链：参与度及分工地位》，《国际贸易问题》2019 年第 7 期，第 113~127 页。

综合以上测度方法，发现现有文献大多通过不断修正 Bernard[①]依据 GATS 的具体承诺减让表，采用"无限制""有限制""不作承诺"三级分类频度方法构建的频度指标，衡量服务贸易自由化程度，但此指标只是对实际服务贸易开放情况的简单描述，没有对相关数字服务行业的贸易政策和具体措施所反映出的贸易限制程度进行量化[②]；此外，澳大利亚生产力委员会[③]与世界银行发布的服务贸易限制指数为评估服务贸易限制程度提供了较好的统计工具，但因覆盖数字服务行业数量较少，各国政策来源及统计口径有较大差异，数据也没有持续更新，削弱了其刻画数字服务贸易限制程度的有效性[④]。

---

① Bernard H., Assessing the general agreement on trade in services, The Uruguay Round and the Developing Economies, World Bank Discussion Papers, 1995.

② 盛斌：《中国加入 WTO 服务贸易自由化的评估与分析》，《世界经济》2002 年第 8 期，第 10~18+80 页。周念利：《缔结"区域贸易安排"能否有效促进发展中经济体的服务出口》，《世界经济》2012 年第 11 期，第 88~111 页。刘庆林、白洁：《中国服务贸易壁垒测度：基于频度分析的方法》，《财贸经济》2014 年第 1 期，第 75~83 页。刘莉、黄建忠：《内向型管制的壁垒效应与服务贸易自由化》，《国际经贸探索》2014 年第 8 期，第 96~106 页。沈玉良、彭羽、高疆、陈历幸：《数字贸易发展新动力：RTA 数字贸易规则方兴未艾——全球数字贸易促进指数分析报告（2020）》，《世界经济研究》2021 年第 1 期，第 3~16+134 页。

③ Findlay C., Warren T., *Impediments to Trade in Services*, London and New York: Routledge, 2000.

④ Borchert I., Gootiiz B., Goswami A. G., et al., Landlocked or policy locked? How services trade protection deepens economic isolation, World Bank Policy Research Working Paper, 2012. Borchert I., Gootiiz B., Mattoo A., "Policy barriers to international trade in services: evidence from a new database", *The World Bank Economic Review*, 2014, 28 (1): 162-188. Van der Marel E., Shepherd B., "Services trade, regulation and regional integration: evidence from sectoral data", *The World Economy*, 2013, 36 (11): 1393-1405.

关于服务贸易自由化效应问题，学者们主要从服务贸易自由化与经济增长、技术进步等角度进行了研究。姚星和黎耕通过测度贸易开放的吸收能力考察其对经济增长的影响，同时发现服务贸易进出口对经济增长都有较为明显的正向作用①。房朝君和刁孝华在研究金融贸易自由化对经济增长的影响时发现两者存在显著的正向关系②。张艳等通过实证分析服务贸易自由化对我国不同地区的影响路径后，发现服务贸易自由化对制造业生产效率呈正向影响③。

2. 关于数字服务贸易自由化的相关研究

（1）数字服务贸易自由化的重要性

近年来，全球数字服务贸易限制程度越来越大，特别是以中国为代表的发展中国家尤甚④；这不仅限制了数字服务贸易的自由流

---

① 姚星、黎耕：《服务贸易自由化与经济增长的关系研究——基于吸收能力角度的实证分析》，《国际贸易问题》2010 年第 7 期，第 68~74 页。
② 房朝君、刁孝华：《金融贸易自由化对经济增长影响研究》，《统计与决策》2013 年第 14 期，第 153~157 页。
③ 张艳、唐宜红、周默涵：《服务贸易自由化是否提高了制造业企业生产效率》，《世界经济》2013 年第 11 期，第 51~71 页。
④ 周念利、陈寰琦：《数字贸易规则的谈判与制订：中国 VS 美国》，《世界知识》2017 年第 16 期，第 23~25 页。周念利、陈寰琦：《数字贸易规则"欧式模板"的典型特征及发展趋向》，《国际经贸探索》2018 年第 3 期，第 96~106 页。Ferracane M. F., Marel E., "Patterns of trade restrictiveness in online platforms: A first look", *The World Economy*, 2020, 43 (11): 2932-2959. Borchert I., Gootiiz B., Magdeleine J., et al., "Applied services trade policy: A guide to the services trade policy database and the services trade restrictions index", World Bank Policy Research Working Paper, 2020. 岳云嵩、霍鹏：《WTO 电子商务谈判与数字贸易规则博弈》，《国际商务研究》2021 年第 1 期，第 73~85 页。张茉楠：《全球经贸规则体系正加速步入"2.0 时代"》，《宏观经济管理》2020 年第 4 期，第 7~12+19 页。

动与健康发展，也提高了企业的数字服务使用成本，① 对在生产过程中更加依赖数字服务的部门产品创新、生产率与服务开发绩效产生更大的负面影响②。

综上，未来随着制造业数字服务化以及价值链中数字服务增

---

① Freund C., Weinhold D., "The Internet and international trade in services", *American Economic Review*, 2002, 92 (2): 236-240. Freund C. L., Weinhold D., "The effect of the Internet on international trade", *Journal of International Economics*, 2004, 62 (1): 171-189. Wallsten S., Broadband and unbundling regulations in OECD countries, AEI-Brookings Joint Center Working Paper, 2006. Demirkan H., Goul M., Kauffman R. J., et al., Does distance matter? The influence of ICT on bilateral trade flows//Proceedings of the second annual SIG globDev workshop. 2009. Neely C. J., Rapach D. E., "International comovements in inflation rates and country characteristics", *Journal of International Money and Finance*, 2011, 30 (7): 1471-1490. Lanz R., Maurer A., Services and global value chains: Some evidence on servicification of manufacturing and services networks, WTO Staff Working Papers, 2015. Borchert I., Services Trade in the UK, What is at Stake?, UK Trade Policy Observatory Briefing Paper, 2016. Miroudot S., The servicification of global value chains: Evidence and policy implications//UNCTAD Multi-Year Expert Meeting On Trade, Services and Development. Geneva: UNCTAD. 2017. Crozet M., Milet E., "Should everybody be in services? The effect of servitization on manufacturing firm performance", *Journal of Economics & Management Strategy*, 2017, 26 (4): 820-841. Breinlich H., Soderbery A., Wright G. C., "From selling goods to selling services: Firm responses to trade liberalization", *American Economic Journal: Economic Policy*, 2018, 10 (4): 79-108. Lamprecht P., Miroudot S., "The value of market access and national treatment commitments in services trade agreements", *The World Economy*, 2020, 43 (11): 2880-2904.

② United States International Trade Commission (USITC), Digital trade in the U.S. and global economics, USITC Publication, 2014. Ferracane M. F., Restrictions on Cross-Border Data Flows, A Taxonomy, Social Science Electronic Publishing, 2017. Ferracane M. F., Marel E., "Patterns of trade restrictiveness in online platforms: A first look", *The World Economy*, 2020, 43 (11): 2932-2959. 李强：《企业嵌入全球价值链的就业效应研究：中国的经验分析》，《中南财经政法大学学报》2014年第1期，第28~35+59页。（转下注）

加值的不断提高，数字服务贸易自由化的重要性日益提升，一方面，数字服务贸易自由化已成为提高生产率、促进长期经济增长的关键来源；另一方面，各国近年对数字服务贸易的限制程度又不断提高，难免对全球生产网络格局产生深刻影响。而已有文献只是停留在服务贸易自由化对全球生产网络贸易的影响及数字服务贸易限制对企业生产率影响的微观层面，从国家层面及全球联系层面对数字服务贸易自由化对出口国内增加值率影响的理论与经验研究更是寥寥。

（2）数字服务贸易自由化的衡量

数字服务贸易自由化即在服务贸易自由化的基础上专注于消除数字服务贸易方面的壁垒，开放数字服务贸易市场。关于数字服务贸易自由化的测度研究，陈寰琦[①]与中国信息通信研究院[②]在研究中发现数字服务贸易自由化程度的提升会促进全球数字服务贸易的增加，促进数字服务贸易量及其在总服务贸易量中的份额不断提升，从而可以用数字服务贸易量在总服务贸易量中的份额来衡量一国数字服务贸易自由化程度。

（接上页注②）宋丽丽、刘廷华、张英涛：《多边服务贸易自由化促进了生产率提升吗？——基于中国工业行业数据的检验》，《世界经济研究》2014年第9期，第49~55+88页。江小涓：《高度联通社会中的资源重组与服务业增长》，《经济研究》2017年第3期，第4~17页。江小涓：《数字经济提高了服务业效率》，《山东经济战略研究》2020年第11期，第56~57页。王开科、吴国兵、章贵军：《数字经济发展改善了生产效率吗》，《经济学家》2020年第10期，第24~34页。

① 陈寰琦：《签订"跨境数据自由流动"能否有效促进数字贸易——基于OECD服务贸易数据的实证研究》，《国际经贸探索》2020年第10期，第4~21页。

② 中国信息通信研究院：《数字贸易发展白皮书（2020年）》，2020年12月16日。

另外，OECD公布的服务贸易限制指数不仅覆盖服务部门范围更广、获得贸易政策的来源丰富，统计口径也相对统一①，关键是在服务贸易限制指数方法的基础上，也发布了用于识别、分类和量化影响数字服务贸易壁垒的数字服务贸易限制指数、分政策领域指数及监管异质性指数，可用于反向衡量数字服务贸易自由化程度，但缺乏2014年以前的数据②。此外，由欧洲国际政治经济研究中心发布的数字贸易限制指数也涵盖跨境数据自由流动等数字服务贸易自由化相关指标，但缺乏2018年之后的数据③，上述数字服务贸易限制指数，有助于研究者从理论上了解带有数字服务条款的相关政策措施的作用，虽然与实际实现的数字服务贸易自由化存在一定差距，甚至都不同程度存在一定的缺陷④，但这两个指数都可为本书数字服务贸易自由化的衡量提供参考。近年来，一些学者采用由卢塞恩大学发布的区域贸易协定电子商务和数据条款数据库（TAPED）数据对数字贸易自由化进行了量化。TAPED是对区域贸易协定中数字贸易规则文本量化得最详细和最完整的数据库，可在一定程度上对多国

---

① Borchert I., Gootiiz B., Magdeleine J., et al., Applied Services Trade Policy: A Guide to the Services Trade Policy Database and the Services Trade Restrictions Index, World Bank Policy Research Working Paper, 2020.

② Nordås H. K., Rouzet D., "The impact of services trade restrictiveness on trade flows", *The World Economy*, 2017, 40 (6): 1155–1183. Rouzet D., Spinelli F., Services Trade Restrictiveness, Mark-Ups and Competition, OECD Publishing, 2016. Benz S., Jaax A., The costs of regulatory barriers to trade in services: New estimates of ad valorem tariff equivalents, OECD Publishing, 2020.

③ Ferracane M. F., Lee-Makiyama H., Van Der Marel E., Digital Trade Restrictiveness Index, European Center for International Political Economy, 2018. 沈玉良、李海英、李墨丝、弓永钦：《数字贸易发展趋势与中国的策略选择》，《全球化》2018年第7期，第28~40+134页。

④ 白丽芳、左晓栋：《欧洲"数字贸易限制指数"分析》，《网络空间安全》2019年第2期，第41~48页。

数字服务贸易自由化程度进行比较①。

值得注意的是，选择合适的工具与方法对数字服务贸易自由化或数字服务贸易障碍进行准确测度与衡量一直是近年来相关研究的难点②。与阻碍货物贸易的壁垒相比，服务贸易限制措施不具有明确的关税性质，特别是对数字服务贸易的限制措施，有时难以与为追求安全等合法公共政策目标而颁布的政府管制法规区分开来，往往也更难量化③，所以，数字服务贸易限制成本的特殊性不宜完全按传统的从价税当量及与自由贸易基准相比推断出服务贸易成本等方法来衡量④。

---

① Mira Burri, Maria Vasquez Callo-Müller, Rodrigo Polanco, TAPED: Trade Agreements Provisions on Electronic Commerce and Data, 2022. 彭羽、杨碧舟、沈玉良:《RTA 数字贸易规则如何影响数字服务出口——基于协定条款异质性视角》,《国际贸易问题》2021 年第 4 期, 第 110~126 页。孙玉红、于美月、赵玲玉:《区域数字贸易规则对 ICT 产品贸易流量的影响研究》,《世界经济研究》2021 年第 8 期, 第 49~64+136 页。

② 齐俊妍、高明:《服务贸易限制的政策评估框架及中美比较——基于 OECD-STRI 数据库的分析》,《国际经贸探索》2018 年第 1 期, 第 4~18 页。周念利、陈寰琦:《RTAs 框架下美式数字贸易规则的数字贸易效应研究》,《世界经济》2020 年第 10 期, 第 28~51 页。岳云嵩、霍鹏:《WTO 电子商务谈判与数字贸易规则博弈》,《国际商务研究》2021 年第 1 期, 第 73~85 页。陈寰琦:《签订"跨境数据自由流动"能否有效促进数字贸易——基于 OECD 服务贸易数据的实证研究》,《国际经贸探索》2020 年第 10 期, 第 4~21 页。

③ Dee P., Hanslow K., Multilateral liberalisation of services trade, University Library of Munich, Germany, 2002. 俞灵燕:《服务贸易壁垒及其影响的量度:国外研究的一个综述》,《世界经济》2005 年第 4 期, 第 22~32 页。刘庆林、白洁:《中国服务贸易壁垒测度:基于频度分析的方法》,《财贸经济》2014 年第 1 期, 第 75~83 页。

④ Fontagné L., Guillin A., Mitaritonna C., Estimations of Tariff Equivalents for the Services Sectors, CEPII research center, 2011. Miroudot S., Sauvage J., Shepherd B., "Measuring the cost of international trade in services", World Trade Review, 2013, 12 (4): 719-735. Latorre M. C., Olekseyuk Z., Yonezawa H., "Trade and foreign direct investment - related impacts of Brexit", The World Economy, 2020, 43 (1): 2-32.

综上所述,现有文献对数字服务贸易自由化的测度没有统一的方法且大多测度方法不够全面准确。另外,现有文献大多集中于服务贸易自由化对一国经济增长的效应上,鲜有文献深入研究数字服务贸易自由化对一国制造业出口国内增加值率的影响。

二 关于出口国内增加值率的相关研究

当前,学界关于出口国内增加值率的相关研究主要聚焦于出口国内增加值率的核算、中国出口国内增加值率核算及其影响因素两方面。

(一)关于出口国内增加值率核算的相关研究

1. 基于传统总值数据

出口国内增加值率属于国际生产网络的特征,最初衡量参与国际生产网络与国际分割时,学者们主要使用传统产出与总值贸易数据衡量一国参与国际生产网络的垂直专业化程度。比如,范子杰用某国跨国公司海外分公司或子公司的产出在跨国公司总产出中的占比衡量[1]。有的学者采用 FH 指数及其扩展指数,通过求得中间品进口在总投入中、总产出中以及总进口中的占比来衡量国际生产分割[2]。当时由于缺乏基于世界投入产出表的增加值数据,这些基于

---

[1] 范子杰:《全球生产网络下国际生产分割新测度及地域特征研究》,湖南大学博士学位论文,2017。

[2] Feenstra R. C., Hanson G. H., Globalization, outsourcing, and wage inequality, National Bureau of Economic Research, 1996. Feenstra R. C., Hanson G. H., "The impact of outsourcing and high-technology capital on wages: estimates for the United States, 1979–1990", *The Quarterly Journal of Economics*, 1999, 114 (3): 907–940. Egger H., Egger P., "Outsourcing and skill-specific employment in a small economy: Austria after the fall of the Iron Curtain", *Oxford Economic Papers*, 2003, 55 (4): 625–643. Chen H., Kondratowicz M., Yi K. M., "Vertical specialization and three facts about U. S. international trade", *The North American Journal of Economics and Finance*, 2005, 16 (1): 35–59.

传统贸易的指标应用较为流行，但由于假定所有进口中间品的增加值都来源于国外，忽略了一国进口中间产品通过加工再以中间产品或最终产品形式出口的全球生产网络迂回生产特征，难以准确衡量一国参与国际生产网络的国际分割特征，故这些指标在近年来有关国际生产网络特征的相关研究中已经很少出现。

此外，基于微观企业层面的中间品贸易数据，通过计算某国出口的国内增加值率[①]，来反向衡量本国参与国际生产网络的国际分割特征，近年来逐渐流行起来。因为细化到异质性企业层面的中间品贸易数据，不但可以直接测度每个企业的中间投入进口比例，还可比较异质性企业参与国际分割的差异性，提升研究国际分割的精度与深度。但基于微观企业层面数据的可获得性，只能求得国际分割程度，并不能深入国内分割与国外分割，更难以把国外分割细化到区域内与区域外，故通过对微观企业数据的加总与宏观投入产出表数据的融合，成为未来关于参与国际生产网络特征研究方法的主要趋势。

2. 基于投入产出表的增加值数据

（1）单国（区域）投入产出

Hummels 等最先基于单国（区域）投入产出表数据，通过求得进口投入在出口商品中占比的垂直专业化指标，来衡量参与国际

[①] Upward R., Wang Z., Zheng J., "Weighing China's export basket: The domestic content and technology intensity of Chinese exports", *Journal of Comparative Economics*, 2013, 41 (2): 527–543. Kee H. L., Neagu C., Nicita A., "Is protectionism on the rise? Assessing national trade policies during the crisis of 2008", *Review of Economics and Statistics*, 2013, 95 (1): 342–346. Ju J., Yu X., "Productivity, profitability, production and export structures along the value chain in China", *Journal of Comparative Economics*, 2015, 43 (1): 33–54. Kee H. L., Tang H., "Domestic Value Added in Exports: Theory and Firm Evidence from China", *American Economic Review*, 2016, 106 (6): 1402–1436.

生产网络的程度①。然而，由于其不单假定进口中增加值全部源于国外，容易高估国际分割程度，也忽略了一国加工贸易特征，假定进口投入品在生产用于国内消费的最终产品与用于出口的产品中的投入比例相同，又会造成对国际分割程度的低估。之后，学者Koopman等和Dean等在区分加工贸易与一般贸易的基础上，选用国内增加值率指标对参与国际生产网络程度进行了测度②。此外，Antràs和Staiger与Fally在鉴定生产阶段数的基础上，把从产品部门生产到最终需求的距离定义为上游度指数，并测算了不同国家的国际生产分割程度③。然而，由于单国投入产出表数据忽略了通过第三方国家的间接贸易增加值，难以体现不同国家之间的投入产出关联与生产网络中的迂回生产特征，只能在一定程度上体现一国参与国际生产网络的国际分割程度，也未能深入刻画参与国际生产网络的区域内外特征及出口国内增加值率。

（2）多国投入产出

鉴于不同假设的局限以及单国投入产出表的缺陷，学者们纷纷引入里昂惕夫逆矩阵，在多国投入产出数据分析的基础上，对出口

---

① Hummels D., Ishii J., Yi K., "The Nature and Growth of Vertical Specialization in World Trade", *Journal of International Economics*, 2001, 54 (1): 75-96.

② Koopman R., Wang Z., Wei S. J., How much of Chinese exports is really made in China? Assessing domestic value-added when processing trade is pervasive, National Bureau of Economic Research, 2008. Dean J. M., Fung K. C., Wang Z., "Measuring vertical specialization: the case of China", *Review of International Economics*, 2011, 19 (4): 609-625.

③ Antràs P., Staiger R. W., "Trade Agreements and the Nature of Price Determination", *American Economic Review*, 2012, 102 (3): 470-476. Fally T., Data on the fragmentation of production in the US, University of colorado, Boulder, manuscript. 2012.

贸易流增加值指标进行分解。Daudin 等在 HIY 方法的基础上完善了核算框架①，Koopman 等提出了 KPWW 法，将总出口分解为国内和国外增加值②。Johnson 和 Noguera 基于加工贸易的最终产品分解，把一国的产出分解为中间投入与被另一国最终消费两部分，用 1 与中间投入率的差值表示国内增加值率，并用总产出或总出口乘以增加值率来计算增加值出口率指数，即该国生产的含在最终产品的增加值被进口国消费的部分，并用增加值出口率指数代替了垂直专业化指数，更加真实地反映一国参与国际生产网络的程度③。但由于忽略了国内生产分割，即一国某一部门依附于其他部门间接出口的成分，故难以准确衡量部门层面的国际生产分割水平与出口国内增加值率④。之后，KWW 基于总出口的增加值分解，把 Hummels 垂直专业化指标以及 Johnson 和 Noguera 的增加值出口率指数综合在统一的分析框架下，将总出口分解为九部分，并最终归结为增加值出口、返回的国内增加值、国外增加值及重复计算部分，规避了进口中间品增加值都来源于国外假设的弊端⑤，但由于

---

① Daudin G., Rifflart C., Schweisguth D., "Who produces for whom in the world economy?", *Canadian Journal of Economics/Revue Canadienne Deconomique*, 2011, 44 (4): 1403-1437.
② Koopman R., Powers W., Wang Z., et al., "Give Credit Where credit is due: Tracing value added in Global Production chains", NBER Working Papers, 2010.
③ Johnson R. C., Noguera G., "Accounting for intermediates: Production sharing and trade in value added", *Journal of International Economics*, 2012, 86 (2): 224-236.
④ Wang Z., Wei S. J., Zhu K., Quantifying international production sharing at the bilateral and sector levels, National Bureau of Economic Research, 2013.
⑤ Koopman R., Wang Z., Wei S. J., "Tracing Value-Added and Double Counting in Gross Exports", *American Economic Review*, 2014, 104 (2): 459-494.

只局限于国家层面，也难以衡量部门层面的国际生产分割。

而WWZ和王直等把出口分解拓展到部门层面，并根据增加值的来源、去向的不同，分解为16项①，并最终归结为国内增加值、出口返回的国内增加值、国外增加值以及重复统计四部分，可准确衡量部门层面的国际分割。另外，Dietzenbacher等提出平均传递步长APL（Average Propagation Length）②，Inomata③、Escaith和Inomata④基于国家间投入产出模型，衡量不同产业APL，倪红福基于全球投入产出模型，在从增加值传递的角度定义广义平均传递步长的基础上，区分了国内生产阶段数与国外生产阶段数，从而可以在部门层面上衡量一国参与国际生产网络的国内分割与国外分割程度⑤，但仍没有把国际分割细化到区域内外层面。之后，Wang等将平均生产长度定义为增加值被计算为总产出的次数，并把生产长度分为纯国内、传统贸易、简单价值链与复杂价值链四部分⑥，但也未能把生产长度区分为国内外、区域内与区域外，而且不论是

---

① 王直、魏尚进、祝坤福：《总贸易核算法：官方贸易统计与全球价值链的度量》，《中国社会科学》2015年第9期，第108~127+205~206页。

② Dietzenbacher E., Los B., Stehrer R., et al., "The construction of world input-output tables in the WIOD project", *Economic Systems Research*, 2013, 25（1）：71-98.

③ Inomata S., "A new measurement for international fragmentation of the production process: An international input-output approach", IDE Paper, No. 175, 2008.

④ Escaith H., Inomata S., Geometry of global value chains in East Asia: the role of industrial networks and trade policies// Elms D. K., Low P. Global Value Chains in a Changing World. Fung Global Institute（FGI），Nanyang Technological University（NTU）and World Trade Organization（WTO），2013.

⑤ 倪红福：《全球价值链中产业"微笑曲线"存在吗？——基于增加值平均传递步长方法》，《数量经济技术经济研究》2016年第11期，第111~126+161页。

⑥ Wang Z., Wei S. J., Yu X., et al., Characterizing global value chains: Production length and upstreamness, NBER Working Papers, No. 23261, 2017.

平均传递步长、生产阶段数还是生产长度，只能从数量上反映生产工序分解的程度，体现不出各工序的增加值创造效率与出口国内增加值率。

而增加值出口率指标可进一步表示为生产阶段数与各阶段的增加值创造效率的乘积，未来该指标的应用范围可能会越来越广，故有必要对其展开进一步讨论。在求增加值出口率时，涉及向上下游或前后向分解的方法与框架，王直等对基于前后向联系的增加值出口率指数进行比较但未能把二者有效区分开，而范子杰则较好地区分了前后向联系分解的差异，认为基于本国某部门出口增加值的前向分解，是向下游追踪本国该部门出口增加值的流向，包括含在其他部门出口的本部门增加值间接出口；而后向分解则是统计本部门出口增加值来源，包括内含在本部门出口的其他部门增加值间接出口，故前后向分解的差额就是经其他部门出口的源于本部门的增加值与经本部门出口的源于其他部门增加值的差额[①]。可见，前向联系向下游分解既包括本部门直接向吸收国出口，也包括含在其他部门的间接出口，因此只用本部门出口数据求增加值出口率的反向指标就得出国际分割水平，不能有效分离国内分割，因而也不能真实反映国际分割水平；而基于本国某部门出口增加值的后向分解，是向上游追踪本部门创造的以及其他部门创造的含在本部门出口的增加值及国外增加值，分离了国内分割与国外分割，可充分体现国际分割，故学者们在基于下游延伸（前向联系）的最终产品分解的基础上，又基于上游延伸（后向联系）分解追溯了中间品依附于

---

① 范子杰：《全球生产网络下国际生产分割新测度及地域特征研究》，湖南大学博士学位论文，2017。

不同部门出口的增加值流向，认为基于后向联系的增加值分解，可准确衡量部门出口国内增加值能力与国际分割水平①，但基于后向联系分解获得的增加值指标，反映的是被首次出口流向国直接吸收的增加值与经过第三国间接出口中被首次出口流向国吸收的增加值之和在向首次出口流向国直接出口中的占比，故只适用于两国两部门或多部门，而在涉及第三国的多国两部门或多部门情境下由于不能有效统计被第三国吸收的增加值及核算通过第三国间接出口总量，故在衡量国内增加值率时可能出现一定的偏误。所以，其又基于后向联系分解作进一步处理，重新构建了只统计在一国对首次出口流向国直接出口总量中的被所有国家（不含本国）（包括首次出口流向国与经首次出口流向国再出口的第三国）吸收的增加值占比，即出口国内增加值率指标，并通过进一步测算反向反映了垂直专业化与国际分割程度、区域内与区域外国际分割水平及驱动其变化的动力机制。

Wang 等提出了双边部门层面总贸易流完整的核算框架，能够追踪总出口中被国外吸收的国外成分、国内成分、返回的国内成分以及重复计算的部分②。后期，亚洲开发银行（ADB）在利用世界投入产出数据库、OECD 投入产出表的基础上，增加了国家和区域，并借鉴 Wang 等方法进行增加值分解。张中元利用上述亚洲开发银行的分解数据，采用垂直专业化率和垂直专业化程度指标来衡

---

① Johnson R. C., Noguera G.,"Proximity and production fragmentation", *American Economic Review*, 2012, 102 (3): 407-411. 黎峰：《全球生产网络下的国际分工地位与贸易收益——基于主要出口国家的行业数据分析》，《国际贸易问题》2015 年第 6 期，第 33~42 页。

② Wang Z., Wei S. J., Zhu K., Quantifying International Production Sharing at the Bilateral and Sector Levels, NBER Working Papers, 2013.

量出口经济体在全球价值链中的参与度①。

故近年来,越来越多的学者用国内增加值率衡量一国在全球价值链中的地位②,同时也有学者用国内增加值率的反向指标,衡量参与国际分割水平或参与全球价值链的程度,同样也用向区域内出口的国内增加值率的反向指标衡量一国参与国际分割的区域化特征,用向区域外国家出口中的国内增加值率反向指标,衡量参与国际分割的全球化特征③。

用国内增加值率的反向指标衡量参与国际分割水平,虽然其对资源型国家国内增加值率高、国际分割水平低的状况有较好的反映,也对当各工序价值创造能力相同时,一国国内参与工序越多,国内增加值率越高、国际分割水平越低有很好的反映,但是该指标在发达国家技术密集型产业国际分割水平较高的同时国内增加值率

---

① 张中元:《基础设施互联互通对出口经济体参与全球价值链的影响》,《经济理论与经济管理》2019年第10期,第57~70页。

② 许和连、成丽红、孙天阳:《制造业投入服务化对企业出口国内增加值的提升效应——基于中国制造业微观企业的经验研究》,《中国工业经济》2017年第10期,第62~80页。诸竹君、黄先海、余骁:《进口中间品质量、自主创新与企业出口国内增加值率》,《中国工业经济》2018年第8期,第116~134页。魏悦羚、张洪胜:《进口自由化会提升中国出口国内增加值率吗——基于总出口核算框架的重新估计》,《中国工业经济》2019年第3期,第24~42页。李小帆、马弘:《服务业FDI管制与出口国内增加值:来自跨国面板的证据》,《世界经济》2019年第5期,第123~144页。马丹、何雅兴、张婧怡:《技术差距、中间产品内向化与出口国内增加值份额变动》,《中国工业经济》2019年第9期,第117~135页。高翔、黄建忠、袁凯华:《价值链嵌入位置与出口国内增加值率》,《数量经济技术经济研究》2019年第6期,第41~61页。

③ 高敬峰、王庭东:《中国参与全球价值链的区域特征分析——基于垂直专业化分工的视角》,《世界经济研究》2017年第4期,第83~94+135~136页。葛阳琴、谢建国:《全球化还是区域化——中国制造业全球价值链分工及演变》,《国际经贸探索》2017年第1期,第17~31页。

也很高的现实面前就显得捉襟见肘了，国内增加值率指标的弊端逐渐显现，甚至出现了要提高全球价值链地位（国内增加值率）就得降低参与国际分割水平或参与全球价值链程度的矛盾。原因在于用国内增加值率反向指标求国际分割水平时更多强调生产阶段数与参与度，忽略了导致增加值率变化的还有价值链分工地位，即各价值链环节的增加值创造效率与能力。只注重从量上反映某部门垂直专业化生产与参与全球价值链的程度，忽略了从质上反映一国某部门增加值创造能力与价值链地位，甚至为获得国际分割水平的不断提升，只能牺牲增加值创造效率提升引致的国内增加值率提升，二者又不可兼得，这就为政策制定者提供了两难选择。故需要对出口国内增加值率指标进行进一步分解，即生产阶段数与各阶段增加值创造效率的乘积。同样对一国参与国际生产网络地域特征的准确衡量，也既要从量上反映区域内外参与生产阶段的数量，也要反映区域内外从事工序环节的增加值创造能力，这也依赖于对原来提出的向区域内外出口的国内增加值率指标进行进一步分解，才能得到区域内外参与生产阶段数（价值链参与度）与各阶段价值创造能力（价值链分工地位）对参与国际生产网络地域特征的贡献。

此外，近年来，随着不同增加值核算方法的出现，人们对衡量这一现象的正确性产生了质疑。如 Wang 等虽然把 Koopman 等的出口总值分解从国家层面逐渐拓展到部门双边层面，但二者都存在同时使用基于前向联系与后向联系分解方法的内部不一致性，导致对增加值结构的不准确评估。可喜的是，Wang 等意识到这一局限性，并对以前的分解方法予以修正。Nagengast 和 Stehear 虽然首次分别引入基于增加值来源和最终需求的分解方法，但因其侧重于对双边生产和吸收的增加值成分的区分，两种方法都没有成功地将一国出口的全部国内和国外附加值区分开①；而 Borin 和 Mancini 在很大程度上解决了上述问题，基于增加值分解的正确框架可为本书研究提供方法参考②。

最后，基于微观层面的研究主要考虑企业的异质性，以弥补用宏观投入产出法测算的出口产品国内增加值率的不足。Upward 等通过合并中国工业企业数据库和海关贸易数据库，首次计算了企业层面的出口国内增加值率③。张杰等在测算企业出口国内增加值率时考虑了贸易代理和资本货物的贬值④。此外，值得注意的是，一些关于出口国内增加值率测算的研究文献既考虑了微观因素，也考虑了宏观因素。Kee 和 Tang 在估算企业出口国内增加值率的国外部分时，使用了宏观层面的投入产出数据，在一定程度上反映了宏观和微观因素的综合⑤。

（二）关于中国出口国内增加值率核算及其影响因素

随着出口国内增加值率测算方式的演变，现在对于中国出口国内增加值率的研究大多集中于对已有核算方法的运用上。李昕运用 KPWW 方法对比了我国进出口总额和贸易顺差的统计差异，并进

---

① Borin A., Mancini M., Follow the Value Added: Tracking Bilateral Relations in Global Value Chains, University Library of Munich, Germany, 2017.
② Borin A., Mancini M., Measuring What Matters in Global Value Chains and Value-Added Trade, World Bank, Plicy Research Working Paper, 2019.
③ Upward R., Wang Z., Zheng J., "Weighing China's Export Basket: The Domestic Content and Technology Intensity of Chinese Exports", *Journal of Comparative Economics*, 2013, 41 (2): 527-543.
④ 张杰、陈志远、刘元春：《中国出口国内附加值的测算与变化机制》，《经济研究》2013 年第 10 期，第 124~137 页。
⑤ Kee H. L., Tang H., "Domestic Value Added in Exports: Theory and Firm Evidence from China", *American Economic Review*, 2016, 106 (6): 1402-1436.

行了定量分析①。童伟伟和张建民在 KPWW 方法的基础上，运用投入产出表研究了双边贸易条件下中国出口产品的国内增加值，并对中、低以及高技术含量进行了划分，认为我国参与国际分工仍以劳动密集型产品为主②。廖涵等运用 HIY 法，对我国制造业出口增加值进行了测算，发现我国制造业劳动、资本以及技术密集型部门具有比较优势，原有的劣势减小③。马述忠和张洪胜运用 Kee 和 Tang 提出的核算加工贸易企业出口国内增加值简易框架，研究了中国企业层面的出口国内增加值及其变化原因④。

当今学界还从行业层面和企业层面对中国出口增加值率的影响因素进行研究。在行业层面，江希和刘似臣以中美贸易为例，指出长期内垂直专业化程度对中国出口增加值的影响程度最大⑤。刘海云和毛海欧指出中国制造业的水平和垂直 OFDI 都有利于出口增加值的提高⑥。在企业层面，樊秀峰和程文先⑦、唐宜红和张鹏杨⑧、

---

① 李昕：《贸易总额与贸易差额的增加值统计研究》，《统计研究》2012 年第 10 期，第 15~22 页。
② 童伟伟、张建民：《中国对美出口的国内外价值含量分解研究》，《国际贸易问题》2013 年第 5 期，第 55~66 页。
③ 廖涵、谢靖、范斐：《基于出口增加值的中国制造业比较优势研究》，《宏观经济研究》2016 年第 10 期，第 63~74+111 页。
④ 马述忠、张洪胜：《集群商业信用与企业出口——对中国出口扩张奇迹的一种解释》，《经济研究》2017 年第 1 期，第 13~27 页。
⑤ 江希、刘似臣：《中国制造业出口增加值及影响因素的实证研究——以中美贸易为例》，《国际贸易问题》2014 年第 11 期，第 89~98 页。
⑥ 刘海云、毛海欧：《制造业 OFDI 对出口增加值的影响》，《中国工业经济》2016 年第 7 期，第 91~108 页。
⑦ 樊秀峰、程文先：《中国制造业出口附加值估算与影响机制分析》，《中国工业经济》2015 年第 6 期，第 81~93 页。
⑧ 唐宜红、张鹏杨：《FDI、全球价值链嵌入与出口国内附加值》，《统计研究》2017 年第 4 期，第 36~49 页。

许和连等①、李胜旗和毛其淋②、邵昱琛等③、彭冬冬和杜运苏④以及师少华⑤主要讨论了制造业投入服务化、上游垄断、外商直接投资、汇率、融资约束、目的地国家、贸易自由化等与企业出口国内增加值率之间的关系。

综上，出口国内增加值率的测算方法经历了几个重要的演变阶段，未来采用微观与宏观数据结合的方法衡量出口国内增加值率将成为趋势。出口国内增加值率影响因素方面，大多文献只考虑垂直专业化程度、对外直接投资、汇率、制造业投入服务化等因素，很少考虑数字服务贸易自由化的影响。

在考量了主要的不同测度方法后，决定选用宏观研究方式进行测算，主要原因是研究运用的是国家和行业层面的数据而非微观企业层面数据，具体借鉴 Wang 等⑥与 Borin⑦ 的方法，因为其方法相比于其他方法更加直观可靠，消除了国家总量和部分细分行业之间不一致性的问题，减少了单个部门（国家）出口国内增加值可能

---

① 许和连、成丽红、孙天阳：《制造业投入服务化对企业出口国内增加值的提升效应——基于中国制造业微观企业的经验研究》，《中国工业经济》2017年第10期，第62~80页。
② 李胜旗、毛其淋：《制造业上游垄断与企业出口国内附加值——来自中国的经验证据》，《中国工业经济》2017年第3期，第101~119页。
③ 邵昱琛、熊琴、马野青：《地区金融发展、融资约束与企业出口的国内附加值率》，《国际贸易问题》2017年第9期，第154~164页。
④ 彭冬冬、杜运苏：《中间品贸易自由化与出口贸易附加值》，《中南财经政法大学学报》2016年第6期，第92~101页。
⑤ 师少华：《中间品贸易自由化对出口贸易附加值的影响机制研究》，《价格月刊》2017年第9期，第58~61页。
⑥ Wang Z., Wei S. J., Zhu K., Quantifying International Production Sharing at the Bilateral and Sector Levels, NBER Working Papers, 2013.
⑦ Borin A., Mancini M., Follow the Value Added: Tracking Bilateral Relations in Global Value Chains, University Library of Munich, Germany, 2017.

蕴含在其他部门（国家）出口的可能性，更利于准确测算数字服务贸易自由化对于国家制造业总体以及不同分行业出口国内增加值率的影响。

三 关于数字服务贸易自由化对出口国内增加值率影响的相关研究

目前关于数字服务贸易自由化对出口国内增加值率影响的研究较少，主要集中于服务贸易自由化与生产网络贸易的关系、贸易自由化对出口国内增加值率的影响两方面。

（一）服务贸易自由化与全球生产网络贸易关系研究

1. 深度一体化与全球生产网络贸易

近年来，双边和多边贸易协定的迅速激增，不仅在数量上填满了 Bhagwati 所描述的"意大利面碗"[①]，也表现于在质量或"深度"上逐渐从关注关税削减的浅层协议深入关注服务、投资等范围更广的深层协议，深度一体化与全球生产网络贸易的关系也成为学者们关注的焦点，一方面涵盖服务条款的深度贸易协定"总深度"、"核心条款深度"和"主成分分析深度"对全球生产网络贸易都存在正向影响[②]，特别是对发展中国家与高附加值行业的

---

① Bhagwati J., US trade policy: The infatuation with FTAs, Discussion Paper Series, No. T26, 1995.

② Lawrence J. M. I., "Japan Trade Relations and Ideal Free Trade Partners: Why the United States Should Pursue Its Next Free Trade Agreement With Japan, Not Latin America", Md. j. intl L. & Trade, 1996. 东艳、冯维江、邱薇：《深度一体化：中国自由贸易区战略的新趋势》，《当代亚太》2009 年第 4 期，第 110~136 页。Francois J., Hoekman B., "Services trade and policy", *Journal of Economic Literature*, 2010, 48 (3): 642–692. Orefice G., Rocha N., Deep integration and production networks: An empirical analysis, WTO Staff Working （转下页注）

影响更大。①另一方面，有全球生产网络联系的经济体之间，为保证供应链效率与安全问题也产生了对更深层次整合的需求，促进更多深度一体化协定的签署，而且参与南北生产网络的国家与亚洲地区国家更有可能签署更深入的一体化协议②，原因可能在于与北

（接上页注②）Papers, 2011. Antràs P., Staiger R. W., "Offshoring and the role of trade agreements", *American Economic Review*, 2012, 102（7）: 3140-3183. 刘均胜、沈铭辉:《太平洋联盟：深度一体化的一次尝试》,《亚太经济》2014年第2期，第157~162页。Antras P., Global Production, Princeton University Press, 2015. Johnson R. C., Noguera G., "A portrait of trade in value-added over four decades", *Review of Economics and Statistics*, 2017, 99（5）: 896-911.

① Baldwin C. Y., "Where do transactions come from? Modularity, transactions, and the boundaries of firms", *Industrial and corporate change*, 2008, 17（1）: 155-195. Damuri Y. R., How preferential are preferential trade agreements?: Analysis of product exclusions in PTAs, Graduate Institute of International and Development Studies, 2012. Osnago A., Piermartini R., Rocha N., Trade policy uncertainty as barrier to trade, WTO Staff Working Paper, 2015. Hofmann C., Osnago A., Ruta M., Horizontal depth: A new database on the content of preferential trade agreements, World Bank Policy Research Working Paper, 2017. Osnago A., Rocha N., Ruta M., Deep agreements and global value chains, Global Value Chain Development Report, 2016. Rubínová S., The impact of new regionalism on global value chains participation, Center for Trade and Economic Integration, Graduate Institute of International and Development Studies, 2017. Mattoo A., Mulabdic A., Ruta M., Trade creation and trade diversion in deep agreements. World Bank Policy Research Working Paper, 2017. Boffa M., Jansen M., Solleder O., "Do we need deeper trade agreements for GVCs or just a BIT?", *The World Economy*, 2019, 42（06）: 1713-1739. Laget E., Rocha N., Varela G., Deep Trade Agreement and Foreign Direct Investments, Policy Research Working Paper, World Bank, Washington, DC, 2021.

② Ando M., Kimura F., "The formation of international production and distribution networks in East Asia", *International Trade in East Asia*, 2005（14）: 177-216. Baier S. L., Bergstrand J. H., "Do free trade agreements actually increase members' international trade?", *Journal of International Economics*, 2007, 71（1）: 72-95. Athukorala P. C., Menon J., Global Production Sharing, Trade Patterns, and Determinants of Trade Flows in East Asia, Asian Development Bank, （转下页注）

美、欧洲区域相比，亚洲区域生产网络发展更快、对世界经济发展更为重要①。

2. 服务贸易协定与全球生产网络贸易

专门研究服务贸易协定影响的文献较少，Shingal 最先考虑到服务贸易协定中异质条款总数（"深度"）及其对服务贸易流动的影响，但其没有研究具体条款对全球生产网络贸易的作用②，而 Lee 就服务贸易协定条款对全球生产网络贸易流动的影响进行了实证检验，发现服务贸易自由化对基于前后向联系的全球生产网络贸易都有着较大的积极影响，而且对发展中国家影响更大。综上，关于服务贸易自由化对全球生产网络特征影响的有关研究，只是停留在对全球生产网络贸易影响层面，还没有深入对出口国内增加值率等全球生产网络特征的影响层面③。

（接上页注②）2010. Bergstrand J. H., Egger P., "A general equilibrium theory for estimating gravity equations of bilateral FDI, final goods trade, and intermediate trade flows", *The gravity model in international trade: Advances and applications*, 2010: 29-70. Orefice G., Rocha N., "Deep integration and production networks: an empirical analysis", *The World Economy*, 2014, 37 (1): 106-136.

① Baldwin R., Trade and industrialization after globalization's 2nd unbundling: How building and joining a supply chain are different and why it matters, NBER Working Papers No. 17716, 2011. 佟家栋、盛斌、蒋殿春等：《新冠肺炎疫情冲击下的全球经济与对中国的挑战》，《国际经济评论》2020 年第 3 期，第 9~28+4 页。

② Shingal A., Going beyond the 0/1 dummy: Estimating the effect of heterogeneous provisions in services agreements on services trade//Research handbook on trade in services. Edward Elgar Publishing, 2016.

③ Lee W., "Services liberalization and global value chain participation: New evidence for heterogeneous effects by income level and provisions", *Review of International Economics*, 2019, 27 (3): 888-915.

（二）贸易自由化对出口国内增加值率的影响

贸易自由化对出口国内增加值率的影响研究主要从企业层面与行业层面进行分析。

在企业层面，Kee 和 Tang 发现，企业出口国内增加值率提高的原因是贸易投资自由化导致企业用国内原材料代替进口原材料加工[①]。彭冬冬和杜运苏发现中间品贸易自由化有助于企业出口国内增加值率的提升[②]。彭冬冬和杜运苏以及师少华在借鉴 Kee 和 Tang 方法的基础上进一步分析，发现总出口国内增加值率上升的主要原因是一般贸易企业进入和退出出口市场。李胜旗和毛其淋进一步检验了贸易自由化在其中所起的作用，发现贸易自由化所带来的效应对于企业出口国内增加值率具有一定的正向促进作用[③]。

关于行业层面的研究，马盈盈利用世界银行的服务贸易限制指数与世界投入产出数据库数据研究了服务贸易自由化对全球价值链的影响，发现零售、电信、金融业的自由化对全球价值链的影响是显著的，能够提升一国制造业的分工地位，而运输服务的作用并不明显[④]。屠年松、薛丹青研究了贸易自由化对中国制造业出口国内增加值率的影响后发现贸易自由化在总体上对于中国制造业的全球价值链攀升有着不利的影响，但对于不同技术类型的制造业影响不同。贸易自由化程度的提高可以促进高技术制造业在全球价值链中

---

① Kee H. L., Tang H., "Domestic value added in exports: Theory and firm evidence from China", *American Economic Review*, 2016, 106 (6): 1402-36.
② 彭冬冬、杜运苏：《中间品贸易自由化与出口贸易附加值》，《中南财经政法大学学报》2016 年第 6 期，第 92~101 页。
③ 李胜旗、毛其淋：《制造业上游垄断与企业出口国内附加值——来自中国的经验证据》，《中国工业经济》2017 年第 3 期，第 101~119 页。
④ 马盈盈：《服务贸易自由化与全球价值链：参与度及分工地位》，《国际贸易问题》2019 年第 7 期，第 113~127 页。

的分工地位提高，但不利于中低技术制造业的发展和升级①。魏悦羚和张洪胜研究发现，进口自由化主要通过提高投入品质量和促进产业向高技能劳动密集型产业转变的方式对出口产品的国内增加值率产生积极影响②。

关于企业与行业层面的研究，赵春明等基于中间产品贸易自由化与出口国内增加值之间的相互作用，指出随着中间产品进口关税的降低，增加值出口增强了中间产品贸易自由化的生产率效应③。陈虹和徐阳以我国制造业为例，研究发现，中间产品贸易自由化会提高行业和企业的出口国内增加值率，而最终产品贸易自由化程度的提高会导致行业和企业出口国内增加值率的下降。总的来说，贸易自由化促进了行业和企业出口国内增加值率的提高④。

综上所述，已有研究多集中于从企业与行业层面研究货物贸易自由化及服务贸易自由化对企业出口国内增加值率与行业全球价值链地位的影响，把数字服务贸易自由化与制造业出口国内增加值率纳入统一分析框架的文献较为缺乏，这也为本研究提供了较大研究空间。

---

① 屠年松、薛丹青：《贸易自由化与中国制造业的全球价值链攀升——基于中国30个省份面板数据的实证研究》，《经济经纬》2019年第6期，第70~77页。

② 魏悦羚、张洪胜：《进口自由化会提升中国出口国内增加值率吗——基于总出口核算框架的重新估计》，《中国工业经济》2019年第3期，第24~42页。

③ 赵春明、江小敏、李宏兵：《中间品贸易自由化、增加值出口与生产率进步》，《经济与管理研究》2017年第9期，第107~116页。

④ 陈虹、徐阳：《贸易自由化对出口国内增加值率的影响研究——来自中国制造业的证据》，《国际经贸探索》2019年第6期，第33~48页。

第三节 研究内容

本研究遵循现状分析、理论机制分析、实证分析、提出对策建议的思路撰写。首先，对世界上主要经济体数字服务贸易自由化现状进行比较分析。一是利用 OECD 数据库 2014~2020 年的数字服务贸易限制指数、分政策领域限制指数、各分项数字服务贸易限制指数数据，对数字服务贸易自由化程度进行反向衡量；二是利用 UNCTAD 数据库 2005~2020 年的数字服务贸易占总服务贸易的份额数据，对数字服务贸易自由化程度进行正向衡量；三是利用 TAPED 数据库数据，从数字贸易条款深度和广度等层面分析数字贸易自由化程度。其次，借鉴 Wang 等[①]的方法，选用 ADB-MRIO 数据库 2000 年、2007~2019 年的数据对全球及主要经济体制造业总体及分行业出口国内增加值率现状进行衡量。再次，分析数字服务贸易自由化对制造业出口国内增加值率提升影响的理论机制，并分别从制造业总体与不同密集型行业两个角度进行梳理，提出总假设与分假设。然后通过构建面板数据计量模型，就数字服务贸易自由化对制造业出口国内增加值率提升的影响进行实证检验。最后，提出通过促进数字服务贸易自由化发展提升我国制造业出口国内增加值率的对策建议。

---

① Wang Z., Wei S. J., Zhu K., Quantifying International Production Sharing at the Bilateral and Sector Levels, NBER Working Papers, 2013.

第四节　研究方法和创新点

一　研究方法

（一）比较分析法

本研究利用OECD数据库的数字服务贸易限制指数、分政策领域限制指数、各分项数字服务贸易限制指数以及UNCTAD数据库数字服务贸易份额数据与TAPED数据等，对全球及主要经济体的数字服务贸易自由化程度进行了比较分析；利用ADB-MRIO数据库数据测算出口国内增加值率，对全球及主要经济体制造业总体及分行业2000年、2007~2019年的出口国内增加值率进行比较分析。

（二）理论研究与实证研究相结合的方法

本研究基于数字服务贸易自由化与制造业出口国内增加值率的基础理论，从理论角度归纳出数字服务贸易自由化对制造业出口国内增加值率提升的作用机制，提出假设，并设定面板回归模型，运用实证分析方法，从总体、分行业与分经济体角度对其进行实证检验。

二　创新点

以往相关文献大多只局限于对服务贸易自由化的相关研究，缺乏深入对数字服务贸易自由化的相关研究，本研究综合采用数字服务贸易限制总指数、分政策领域限制指数、各分项数字服务贸易限制指数以及数字服务贸易份额等指标对全球及主要经济体数字服务贸易自由化进行反向与正向衡量。

对于出口国内增加值率的测算，本研究选用 ADB-MRIO 数据库 2000 年、2007~2019 年相关数据，把各经济体制造业出口国内增加值率的数据集聚到高、中、低三个技术密集型分行业①，制造业总体以及全球层面，并将出口国内增加值率细分为传统贸易出口国内增加值率、简单价值链贸易出口国内增加值率与复杂价值链贸易出口国内增加值率，对全球及主要经济体制造业出口国内增加值率的最新发展动态进行准确衡量。

研究数字服务贸易自由化对制造业出口国内增加值率提升影响的现有文献很少。本研究梳理了数字服务贸易自由化与制造业出口国内增加值率发展的最新动态，分析了数字服务贸易自由化对制造业出口国内增加值率提升的作用机制，并对数字服务贸易自由化对制造业出口国内增加值率提升的影响及分样本的异质性影响进行了实证检验，丰富了数字服务贸易自由化与制造业出口国内增加值率相关的理论与实证研究。

---

① 本书中低技术制造业（行业）即为低技术密集型制造业（行业），中技术制造业（行业）即为中技术密集型制造业（行业），高技术制造业（行业）即为高技术密集型制造业（行业），为了论述简洁，文中省去"密集型"三个字。

第二章　数字服务贸易自由化的现状分析

本章采用 OECD 数字服务贸易限制指数、分政策领域限制指数、各分项数字服务贸易限制指数、UNCTAD 数据库数字服务贸易份额数据以及 TAPED 数据，从反正两方面对数字服务贸易自由化的现状进行衡量。

第一节　数字服务贸易自由化的测度方法与资料来源

一　数字服务贸易限制指数测度与资料来源

首先，OECD 数字服务贸易限制指数确定、分类并量化了 2014~2020 年影响 50 个国家数字服务贸易的壁垒，包括 37 个经合组织国家以及阿根廷、哥斯达黎加、巴西、中国、印度、印度尼西亚、哈萨克斯坦、马来西亚、秘鲁、俄罗斯、沙特阿拉伯、南非、泰国 13 个非经合组织国家，形成了数字服务贸易限制总指数以及基础设施联通、电子支付、交易系统、知识产权和其他限制五类数字服务贸易分政策领域限制指数①。其次,OECD 数据库还构造了服务贸易限制指数,包括 2014~2021 年 19 个主要服务部门的服务贸易限制信息。数据库包含 48 个国家,其中有 37 个经合组织国家以及俄罗斯、巴西、中国、哥斯达黎加、印度、印度尼西亚、哈萨克斯坦、马来西亚、秘鲁、南非和泰国②。限制指数最终的数值在 0~1,对数字服务贸易和投资完全开放为 0,而完全封闭则为 1。

(一)数字服务贸易限制总指数

根据 Ferencz[3]所撰写的 OECD 数字服务贸易限制指数报告,数字服务贸易限制总指数是通过对基础设施联通、电子交易、知识产权、支付系统以及影响数字服务贸易其他壁垒的数据进行评分、加权和汇总的结果。首先,评分需要将收集的各类政策限制定性信息转化为定量数据。其次,进行数据的加权分析,有助于平衡各种措施的相对重要性。最后,进行汇总,将累积指数计算为得分的加权平均值,得出各国数字服务贸易限制总指数数据。

(二)分政策领域限制指数

参考 Ferencz 的研究,基础设施联通限制主要包括与数字贸易所需的通信基础设施有关的措施。它映射了网络运营商之间互联的最佳实践规则的范围,以确保无缝通信,还采取措施限制或防止使用通信服务,包括虚拟专用网或租用线路。最后,它包括影响联通

---

① OECD, Digital Services Trade Restrictiveness Index, https://stats.oecd.org/#.
② OECD, Services Trade Restrictiveness Index, https://stats.oecd.org/#.
③ Ferencz J., The OECD Digital Services Trade Restrictiveness Index, OECD Trade Policy Papers, 2019.

性的策略，如跨境数据流和数据本地化措施。电子交易限制方面，这一领域涉及的问题包括颁发电子商务活动许可证的歧视性条件、非居民公司进行网上税务登记和申报的可能性、偏离国际公认的电子合同规则、禁止使用电子认证（如电子签字）的措施。影响数字服务贸易的其他壁垒，这一领域涵盖了数字贸易的其他各种障碍，包括影响跨境数字贸易的性能要求（例如，强制技术转让或披露源代码的要求）、下载和流媒体的限制、对网络广告的限制、商业或本地存在的规定或者缺乏针对网上反竞争行为的有效补救机制等。知识产权限制，这一领域涵盖了与版权和商标相关的国内政策，还介绍了是否有适当的执法机制来处理侵犯知识产权的问题，包括在网上发生的相关问题。支付系统限制，此类限制主要是与支付相关的障碍，包括对于外国供应商在进行支付时的歧视性政策等。主要捕捉与使用某些支付方式有关的障碍，并评估国内支付交易的安全标准是否与国际标准一致，还涵盖了其他措施未涵盖的与互联网银行相关的限制。

（三）各分项数字服务贸易限制指数

OECD 数据库构造了数字服务贸易限制指数，包括 48 个国家的物流货物装卸、物流仓储、物流货运代理、物流报关、会计、建筑、工程、法律、电影、广播、录音、电信、空运、海运、公路货运、铁路货运运输、快递、配送、商业银行、保险、计算机、建筑 22 个分项服务贸易行业的限制指数。根据《数字贸易发展白皮书（2020 年）》[①] 对数字服务贸易的分类，并借鉴陆菁和傅诺

---

① 中国信息通信研究院：《数字贸易发展白皮书（2020 年）》，2020 年 12 月 16 日，http：//www.caict.ac.cn/kxyj/qwfb/bps/202012/P020201216506475945126.pdf。

的研究①后，本书挑选2014~2021年数字化程度高且数据完整的服务行业作为数字服务分行业，并具体分为四类：金融保险服务——商业银行、保险；ICT服务——电信、计算机；专业服务——会计、法律；个人文娱服务——电影、广播、录音。通过算术平均计算得出各分项数字服务贸易限制指数。

二　数字服务贸易份额测度与资料来源

数字服务贸易自由化程度的提升会促进全球数字服务贸易的增加，导致数字服务贸易量及其在总服务贸易量中份额的不断提升②，且数字服务贸易份额大的国家，一般数字服务贸易自由化程度也较高。因此，数字服务贸易量在总服务贸易量中的份额可从侧面反映全球及各国数字服务贸易自由化程度。所以，可运用UNCTAD数据库数字服务进出口量及份额的数据对58个国家和地区2005~2020年的数字服务贸易自由化现状进行衡量。

三　数字贸易自由化指数与资料来源

数字贸易自由化指数数据来源于卢塞恩大学发布的区域贸易协定电子商务和数据条款数据库（TAPED）。TAPED是对区域贸易协定中数字贸易规则文本量化得最详细和最完整的数据库，涵盖了2000~2021年在全球范围内已签署的202个含数字贸易规则的RTA，

---

① 陆菁、傅诺：《全球数字贸易崛起：发展格局与影响因素分析》，《社会科学战线》2018年第11期，第57~66+281+2页。
② 陈寰琦：《签订"跨境数据自由流动"能否有效促进数字贸易——基于OECD服务贸易数据的实证研究》，《国际经贸探索》2020年第10期，第4~21页。

其中生效①（含已失效）的为196个，包括直接或间接规范数字贸易的章节、条款和附件，并对RTA中涉及的每一项数字贸易条款进行编码统计，按照法律约束力强弱由小到大进行赋值。

具体赋值方法如下。首先，对任何一个RTA，若其中不包含某项数字贸易规则则记为0分，包含则记为1~3分。其次，进一步确定该数字贸易规则属于软条款、硬条款还是混合条款，具体来看，软条款是指缔约国间非强制执行的条款，即对协定成员国没有约束力，对此类条款记为1分；硬条款是指协定成员国间必须遵守的某项规定或履行的某项义务，对成员国有较强的约束力，对此类条款记为3分；而混合条款是指某项条约中既包含软性承诺又包含硬性承诺，记为2分。

另外，根据不同规则条款的特征属性，将数据库中涉及的并且已编码的90个条款分为三类，即电子商务条款（36条）、数据相关条款（35条）和知识产权条款（19条），其中又将数据相关条款分为数据保护与网络安全条款（11条）、数据自由流动条款（24条）。并构建如表2-1所示的指标测算方法，综合衡量数字贸易自由化。

表2-1 数字贸易自由化指标测算方法

指标		测算方法
深度指标	条款深度	每个RTA中各类及所有数字贸易条款分值之和/总条款数
	条款覆盖率	每个RTA中评分为非零值的各类及总数字贸易条款数/总条款数

---

① 若生效时间为下半年，则将生效年份记为第二年，若生效时间为上半年，则生效年份仍记为本年。

续表

指标		测算方法
广度指标	单词数	电子商务条款单词数/1000
	文章数	电子商务条款文章数/10
i 与 j 协定的自主深度		i 国除了与 j 国之外签订的 RTA 深度之和
i 与 j 协定的交叉深度		世界除了 i、j 两国之外的 RTA 深度之和

（一）全球层面：全球数字贸易自由化

（1）数字贸易条款总分数：各类数字贸易条款及所有条款总分值，即每年生效的所有协议中涉及各类数字贸易条款的分值和（排除已失效）。

（2）数字贸易条款覆盖率：生效协议中评分为非零值的数字贸易条款数量累计加总（排除已失效）。

（3）单词数和文章数：每年生效协议中电子商务章节条款的单词数、文章数之和（排除已失效）。

（二）经济体层面

1. 不同经济体之间的双边数字贸易自由化

（1）条款深度：经济体与经济体之间各类数字贸易条款深度及总深度，即每年 RTA 中涉及经济体对之间各类数字贸易条款分值及总分值与相应条款数之比，若同一年一组经济体对涉及多个协定，取深度最大的。

（2）条款覆盖率：经济体与经济体之间各类数字贸易规则中非零值条款数与总条款数之比。

（3）单词数和文章数：经济体与经济体之间每年生效协议中电子商务章节的单词数和文章数，涉及多个协定取最大值。

2. 单边：某个经济体的数字贸易自由化

（1）条款深度：某个经济体与其他74个经济体协定条款深度的平均值。

（2）条款覆盖率：某个经济体与其他74个经济体协定非零值条款数与总条款数之比。

（3）单词数和文章数：某个经济体与其他74个经济体协定电子商务章节单词数与文章数。

第二节 全球及主要经济体数字服务贸易自由化现状

一 数字服务贸易限制指数衡量

（一）2020年各经济体数字服务贸易限制总指数及分政策领域限制指数分析

首先，从数字服务贸易限制总指数来看，如图2-1所示，大部分经济体的数字服务贸易限制数值都在0.5以下，说明，近年来，随着数字化的不断发展，数字服务贸易构成了全球经济增长与结构转型的新引擎，各经济体都越来越重视数字服务贸易自由化对自身发展的影响作用。但从具体经济体的数字服务贸易限制指数数值来看，金砖国家（中国、印度、巴西、南非、俄罗斯）、拉美国家（阿根廷、哥伦比亚、巴西）数字服务贸易限制指数较高，而欧美等发达国家数字服务贸易限制指数较低，其中哥斯达黎加与加拿大的数值最低（0.043）。金砖国家及拉美国家由于数字技术处于起步发展时期，为防止本国市场遭到强势服务的冲击，政府多采取限制政策以保护本国数字服务市场。我国虽然数字技术较为先进，但

图 2-1 2020 年各国数字服务贸易限制总指数与分政策领域限制指数

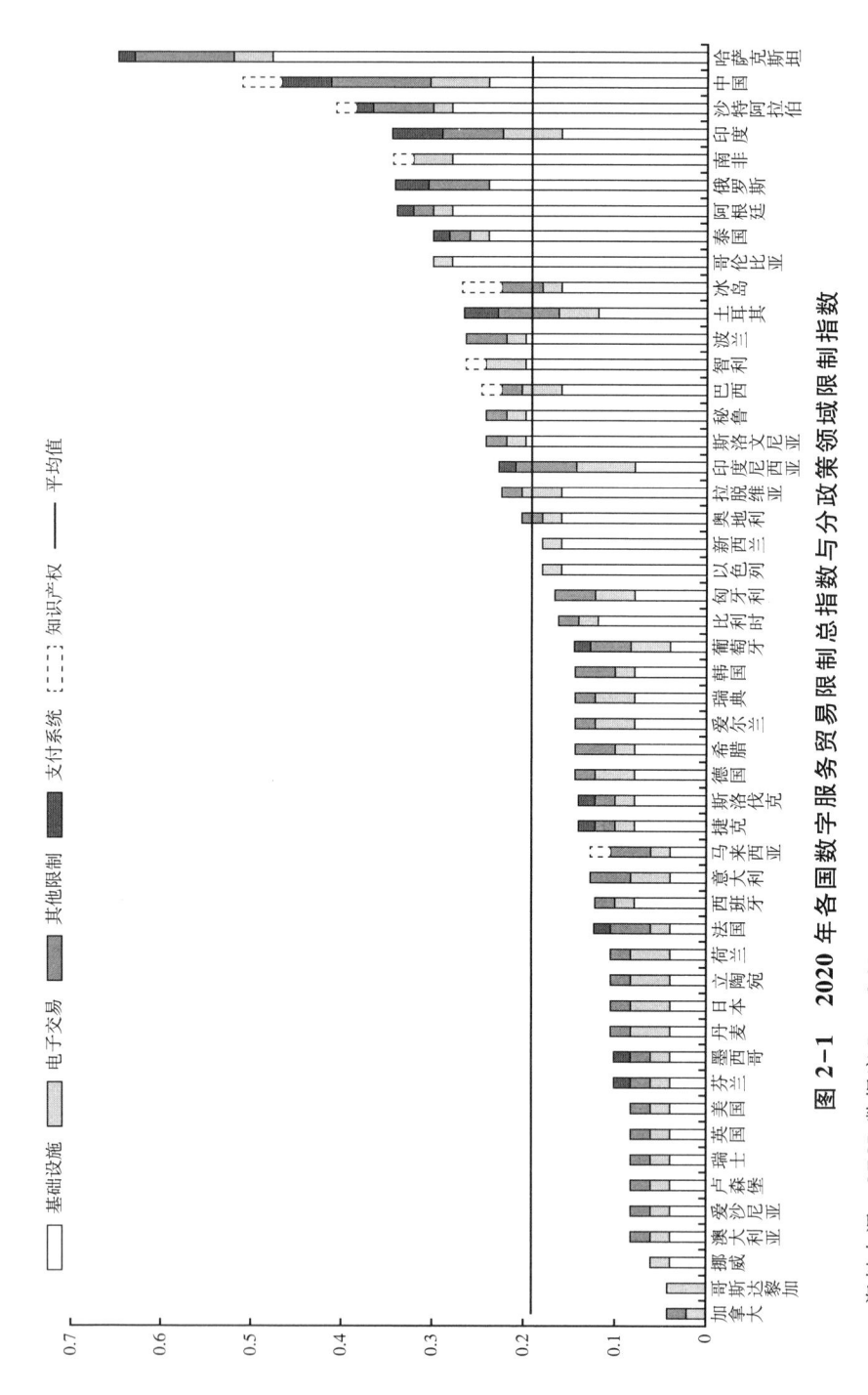

资料来源：OECD 数据库 Digital STRI。

数字服务贸易仍处于起步阶段,所以对数字服务限制也比较高。而美国等欧美国家经济发展水平较高,数字技术以及数字服务发展较为成熟,因此数字服务贸易限制指数较低,数字服务贸易自由化水平较高。

其次,从五类分政策领域限制指数来看,如图2-1所示,2020年基础设施联通限制指数、其他限制指数与电子交易限制指数较高,而支付系统与知识产权限制指数大部分国家都为0。同时发现金砖国家与拉美国家的数字服务贸易限制总指数较高主要是由这些国家基础设施联通限制指数较高所导致的。可见,各国通常对于基础设施互联互通方面的限制性措施较多,对于知识产权和支付系统的限制性障碍相对较小。

一是基础设施联通。从数值上看,各国的这一类限制指数相差较大,数值在0~0.476。2020年基础设施联通限制指数最高的国家为哈萨克斯坦,数值为0.476;其次为南非、沙特阿拉伯等国,数值为0.278;中国为0.238;英国、美国数值在0.04左右;加拿大、哥斯达黎加数值最低为0。对于大多数金砖国家与拉美国家来说,数字服务贸易的限制指数较高主要是由基础设施联通的限制性措施导致的,究其原因,可能是由于各经济体内在互联互通方面缺乏安全有效的监管措施,而加大了对于跨境数据流动的限制,甚至远远超出为保护个人数据安全而设定的限制性门槛。

二是电子交易。从数值来看,各国的电子交易限制指数相差不大,都在0.021~0.064。由图2-1可知,中国、印度、印度尼西亚的数值最高,日本、荷兰、智利、巴西、南非等国数值在0.04左右,美国、英国等大多数国家在0.02左右。虽然各国在电子交易上的限制指数低于基础设施联通数据,但电子交易的高限制性仍然是导致总限制指数较高的重要因素,这可能是由于尽管各经济体主要的电子认证措施已普遍落实,但与全面落实电子合约的国际标准仍有距离。除此之外,大部分国家对于进行网上税务登记和申报的可能性也较小。

三是影响数字服务贸易的其他壁垒。如图2-1所示,各国的其他数字服务贸易限制指数在0~0.109,各国之间的差距较大。值得注意的是,智利、哥伦比亚、以色列、新西兰、挪威、哥斯达黎加、南非在该项政策领域为完全开放状态。而限制指数数值最高的为中国与哈萨克斯坦的0.109,其次是沙特阿拉伯、俄罗斯、印度、印度尼西亚等国的0.066,美国、英国、日本等大多数发达国家数值在0.022左右。

四是知识产权。各国在知识产权领域的限制性指数数值较小,大多数国家限制性指数为0,仅有少数国家在这方面存在一定的限制。除了中国与冰岛的限制指数为0.043,智利、巴西、马来西亚、沙特阿拉伯、南非的限制指数为0.022,其他43个国家的知识产权限制性指数均为0,知识产权领域呈完全开放状态。

五是支付系统。各国在支付系统领域的限制指数数值同样较小,从支付系统限制指数数值来看,除了中国和印度为0.055,土耳其与俄罗斯为0.037,沙特阿拉伯等11个国家数值在0.018外,其他大多数国家的支付系统限制指数连续七年为0,支付系统政策领域呈完全开放状态。

(二)各国数字服务贸易限制总指数及分政策领域限制指数变化趋势分析

首先,各国数字服务贸易限制总指数的变化趋势。为比较各国数字服务贸易限制总指数的变化趋势，构造各国 2014 年与 2020 年数字服务贸易限制总指数的差额变化图。如图 2-2 所示，差额数值为负说明该国数字服务贸易限制总指数上升，数值为正说明数字服务贸易限制总指数下降，数字服务贸易自由化程度提高。

一是总体来看，将 2014 年与 2020 年数值进行比较，50 个国家中有 28 个国家的数值不变，15 个国家限制总指数呈现上升趋势，只有 7 个国家的限制总指数呈现下降趋势，一定程度上说明全球数字服务贸易自由化程度在不断降低。

二是从具体国家来看，数字服务贸易限制总指数提高的经济体中，按提高程度从大到小排序分别是哈萨克斯坦、沙特阿拉伯、土耳其、斯洛文尼亚、冰岛、奥地利、拉脱维亚、印度、俄罗斯、波兰、日本、斯洛伐克、中国、巴西、韩国，其中哈萨克斯坦 2020 年数字服务贸易限制指数提高了 0.419，提高幅度最大，数字服务贸易自由化程度最低。数字服务贸易限制总指数降低的经济体中，按降低幅度从大到小分别是墨西哥、加拿大、印度尼西亚、丹麦、葡萄牙、挪威、阿根廷，其中墨西哥的下降幅度最大，从 0.3 下降到 0.101。此外，2020 年有 19 个国家的限制指数高于全球平均水平，各国的数字服务贸易自由化存在较大差异。

三是从不同收入水平国家指数来看。将所选国家分为发达国家与发展中国家，其中 28 个发达国家以及 22 个发展中国家，分别取其 2014~2020 年数字服务贸易限制总指数的平均数值，由图 2-3 可以看出：发展中国家的数值比发达国家高 0.04 左右，说明发达国家的数字服务贸易自由化程度高于发展中国家。从变化趋势上来看，2014~2020 年发达国家与发展中国家的数值都呈现上升趋势，但发展中国家的上升幅度要大于发达国家，说明发展中国家

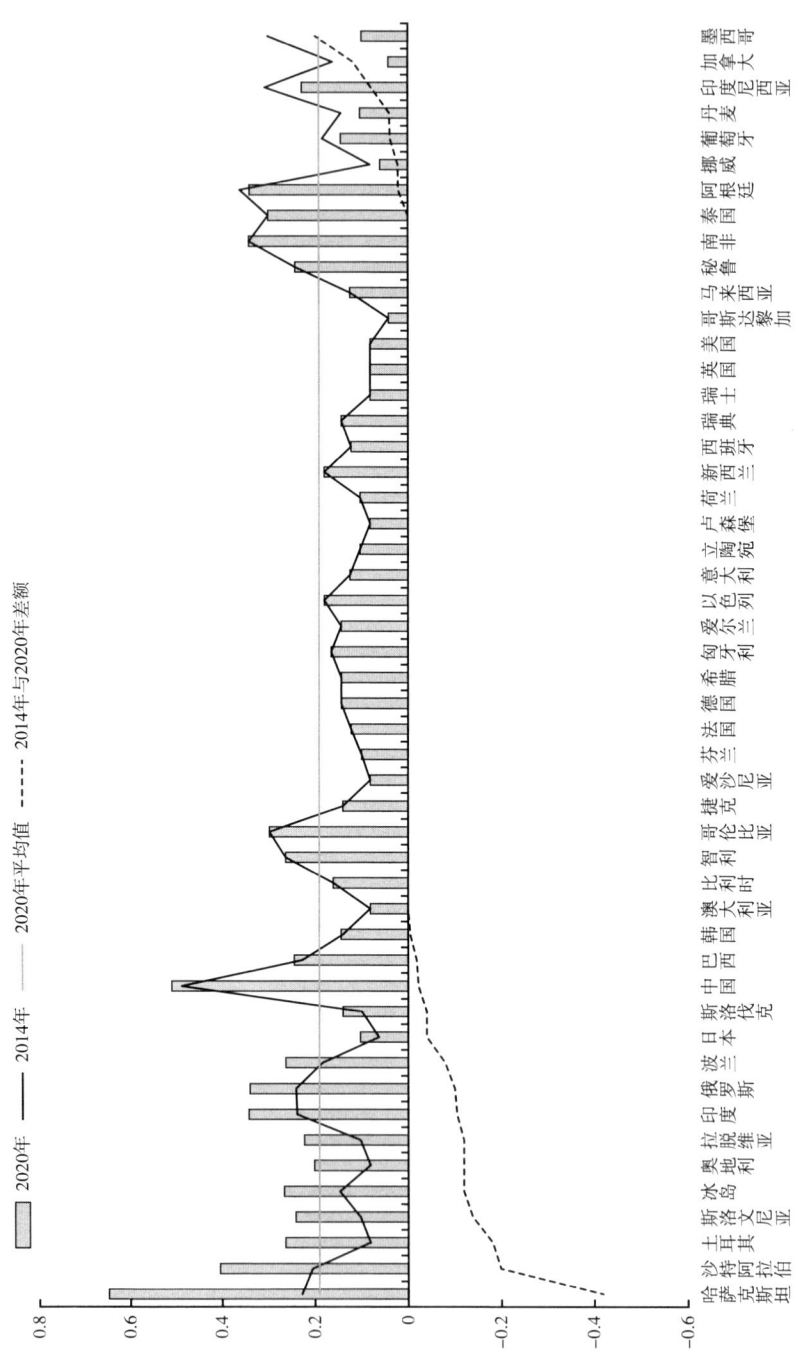

图 2-2 数字服务贸易限制总指数

资料来源：根据 OECD 数据库 Digital STRI 整理。

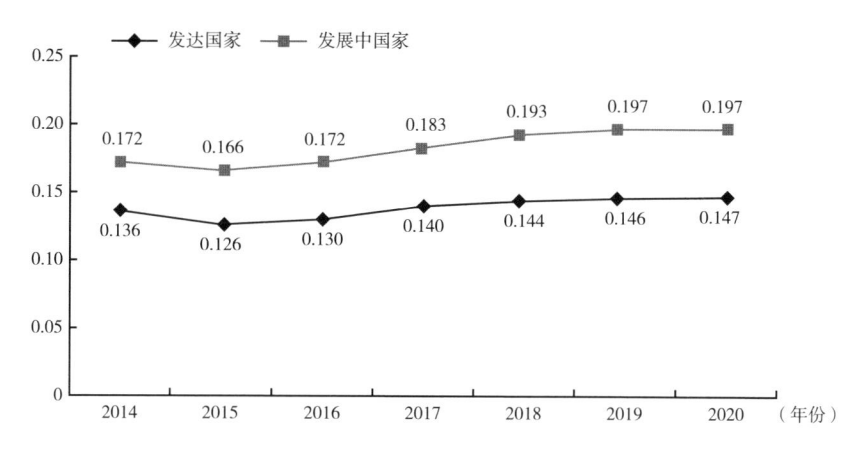

图 2-3 发达国家与发展中国家数字服务贸易限制总指数

资料来源：根据 OECD 数据库 Digital STRI 整理。

数字服务贸易的限制更加严重。从具体国家来看，以 2020 年数据为例，28 个发达国家中有 22 个国家的限制指数低于平均水平，6 个国家的数值高于平均水平。自由化程度最高的为加拿大（0.043）、挪威（0.061）、美国（0.083）、英国（0.083）等，自由化程度最低的为奥地利（0.202）、斯洛文尼亚（0.242）、冰岛（0.267）。而发展中国家中有 16 个国家数值高于平均水平，6 个国家低于平均水平。自由化程度较低的国家有中国（0.51）、俄罗斯（0.341）、印度（0.343）等，自由化程度较高的国家有哥斯达黎加（0.043）、爱沙尼亚（0.083）、墨西哥（0.101）、立陶宛（0.104）、马来西亚（0.126）、匈牙利（0.166）。

其次，各国分政策领域限制指数变化趋势。将各国 2014 年与 2020 年各分政策领域限制指数的差额列出，差额为 0 的国家省略后得到表 2-1，数值为负值表示限制性指数上升，数字服务贸易自由化程度降低，相反则为自由化程度提升。

一是,基础设施联通指数在五类分指数中变化趋势最为明显,与数字服务贸易限制总指数最为相似。与2014年数值相比,2020年只有丹麦、葡萄牙、印度尼西亚、加拿大、墨西哥5国的该领域限制指数下降,其中墨西哥下降幅度最大为0.198。另外,哈萨克斯坦、沙特阿拉伯、日本、印度等13个国家指数呈现上升趋势,上升幅度最大的为哈萨克斯坦的0.397。总体来看,基础设施联通领域的政策措施呈现收紧状态。

二是,数字服务贸易的其他限制方面,50个国家中仅巴西数值出现下降;7个国家的限制程度上升,包括土耳其、印度、俄罗斯、沙特阿拉伯、中国、韩国与哈萨克斯坦,上升幅度最大的为土耳其等;其余的42个国家数值没有变化,其他限制数值总体呈现上升趋势,该政策领域自由化程度下降。

表2-2 主要国家分政策领域限制指数差额

基础设施联通	2014年与2020年差额	其他限制	2014年与2020年差额	电子交易	2014年与2020年差额	支付系统	2014年与2020年差额
哈萨克斯坦	-0.397	土耳其	-0.044	印度	-0.021	俄罗斯	-0.037
沙特阿拉伯	-0.199	印度	-0.044	俄罗斯	0.021	土耳其	-0.019
斯洛文尼亚	-0.158	俄罗斯	-0.044	斯洛文尼亚	0.022	韩国	0.018
土耳其	-0.119	沙特阿拉伯	-0.022	阿根廷	0.022	—	—
奥地利	-0.119	中国	-0.022	沙特阿拉伯	0.022	—	—
冰岛	-0.119	韩国	-0.022	—	—		
拉脱维亚	-0.119	哈萨克斯坦	-0.021				

续表

基础设施联通	2014年与2020年差额	其他限制	2014年与2020年差额	电子交易	2014年与2020年差额	支付系统	2014年与2020年差额
波兰	-0.079	巴西	0.220	—	—	—	—
巴西	-0.040	—	—	—	—	—	—
印度	-0.040	—	—	—	—	—	—
日本	-0.040	—	—	—	—	—	—
俄罗斯	-0.040	—	—	—	—	—	—
斯洛伐克	-0.039	—	—	—	—	—	—
丹麦	0.039	—	—	—	—	—	—
葡萄牙	0.039	—	—	—	—	—	—
印度尼西亚	0.080	—	—	—	—	—	—
加拿大	0.119	—	—	—	—	—	—
墨西哥	0.198	—	—	—	—	—	—

资料来源：根据 OECD 数据库 Digital STRI 整理。

三是电子交易的限制性指数方面，印度上升了 0.021，俄罗斯、斯洛文尼亚、阿根廷、沙特阿拉伯数值下降了 0.022，总体来说该政策领域自由化程度上升。

四是支付系统方面，俄罗斯、土耳其的限制性指数分别上升 0.037 与 0.019，韩国下降了 0.018。

五是知识产权指数方面，各国 2014~2020 年数值均没有变化。

（三）各分项数字服务贸易限制指数变化分析

1. 全球层面

如表 2-3 所示，从全球层面来看，比较各分项数字服务贸易限制指数发现，专业服务贸易限制指数最高，其次是个人文娱服务，金融保险服务贸易限制指数在 2014~2018 年高于 ICT 服务，在 2018 年后低于 ICT 服务。从变化趋势来看，金融保险服务贸易限制指数呈波动下降趋势，从 2014 年的 0.2312 降至 2021 年的 0.2291；而 ICT 服务和专业服务贸易限制指数总体上呈上升趋势，分别由 2014 年的 0.2289 和 0.3501 上升至 2021 年的 0.2315 和 0.3544；个人文娱服务贸易限制指数在波动中有所上升，由 2014 年的 0.2458 上升至 2021 年的 0.2485。总体而言，数字服务贸易自由化程度近年来有所降低，且各分项服务贸易限制指数间差异性较大。

表 2-3　2014~2021 年全球各分项数字服务贸易限制指数

类别	2014 年	2015 年	2016 年	2017 年	2018 年	2019 年	2020 年	2021 年
金融保险服务	0.2312	0.2304	0.2316	0.2316	0.2308	0.2310	0.2309	0.2291
ICT 服务	0.2289	0.2273	0.2282	0.2288	0.2298	0.2315	0.2322	0.2315
专业服务	0.3501	0.3509	0.3521	0.3527	0.3527	0.3536	0.3549	0.3544
个人文娱服务	0.2458	0.2459	0.2452	0.2456	0.2463	0.2475	0.2482	0.2485

2. 国家层面

（1）金融保险服务贸易限制指数

如图 2-4 所示，2021 年金融保险服务贸易限制指数最高的国家是印度，高达 0.4980，其次是泰国、印度尼西亚、越南、俄罗斯、巴西、中国、冰岛和哈萨克斯坦，其限制指数均高于 0.3。另外，金融保险服务贸易限制指数高于全球平均水平（0.2291）的有 21 个国家，包含 8 个发达国家和 13 个发展中国家，其中美国的限制指数为 0.2415，排名第 13，中国的限制指数为 0.3360，排名第 7，新加坡为 0.2350，排名第 20；而金融保险服务限制指数低于全球平均水平的多为发达国家，其中日本为 0.1610，英国为 0.1480，

第二章 数字服务贸易自由化的现状分析

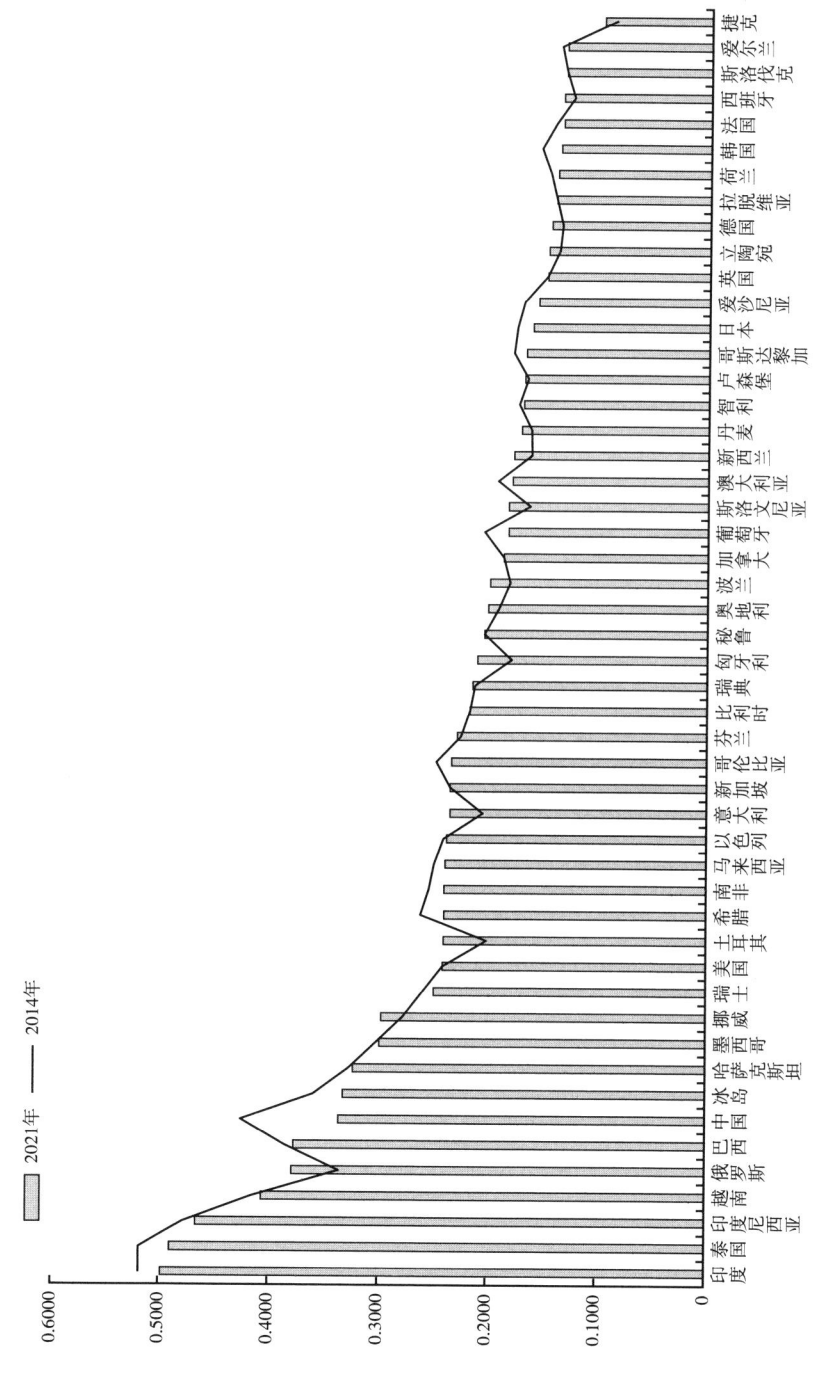

图 2-4 2014 年与 2021 年各国金融保险服务贸易限制指数

德国为 0.1445，韩国为 0.1365；限制指数最低的国家为捷克，低于 0.1。

从变化趋势来看，与 2014 年相比，2021 年金融保险服务限制指数有所上升的有俄罗斯、土耳其、匈牙利、意大利等 17 个国家；美国、新加坡、比利时、秘鲁等 7 个国家的数值没有发生变化；而中国、泰国、冰岛等 26 个国家的数值均有所下降，其中中国的下降幅度最大，由 0.4250 降至 0.3360。总体来说，大部分国家的金融保险服务贸易自由化程度有所提升。

（2）ICT 服务贸易限制指数

如图 2-5 所示，2021 年 ICT 服务贸易限制指数高于全球平均水平（0.2315）的有越南、哈萨克斯坦、印度尼西亚、中国、俄罗斯、冰岛、泰国等 16 个国家，其中除冰岛、挪威、瑞士、以色列和新加坡 5 个发达国家外，均为发展中国家。而 ICT 服务贸易限制指数最低的 10 个国家均为发达国家，由此可见，发达国家的 ICT 服务贸易开放程度较高。从具体国家来看，中国 ICT 服务贸易限制指数为 0.4665，排名第 4，开放程度较低；印度为 0.2920，排名第 10；而日本、美国、法国、德国、英国等发达国家的限制指数大多低于 0.2，服务贸易自由化程度较高。

从变化趋势来看，与 2014 年相比，2021 年 ICT 服务贸易限制指数提高的有土耳其、匈牙利、南非等 20 个国家，指数不变的有新加坡、比利时、希腊等 10 个国家，下降的有中国、印度、法国、英国等 20 个国家，其中中国的下降幅度最大，由 0.5085 下降至 0.4665。

（3）专业服务贸易限制指数

图 2-6 所示为各国专业服务贸易限制指数。相比金融保险服务

图 2-5 2014 年与 2021 年各国 ICT 服务贸易限制指数

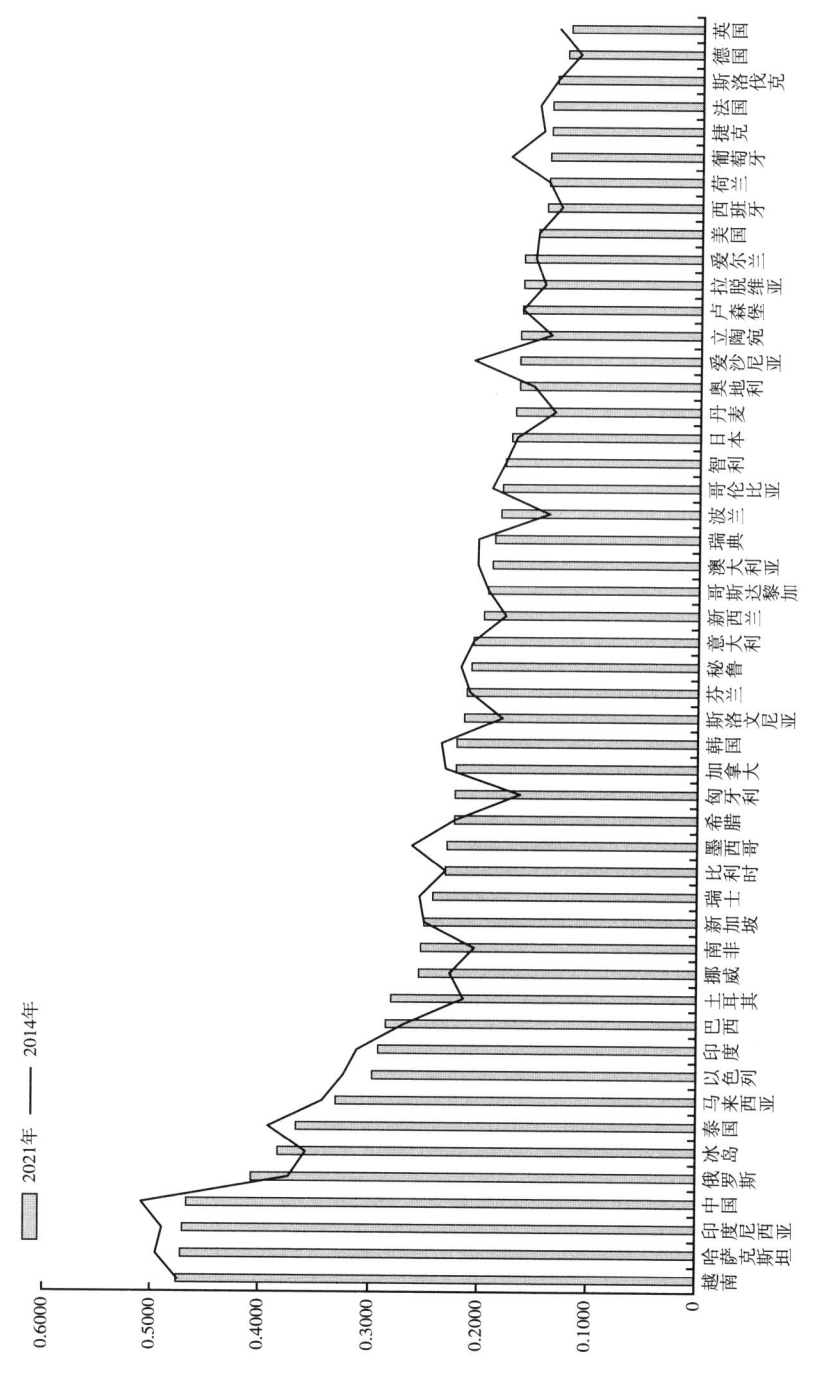

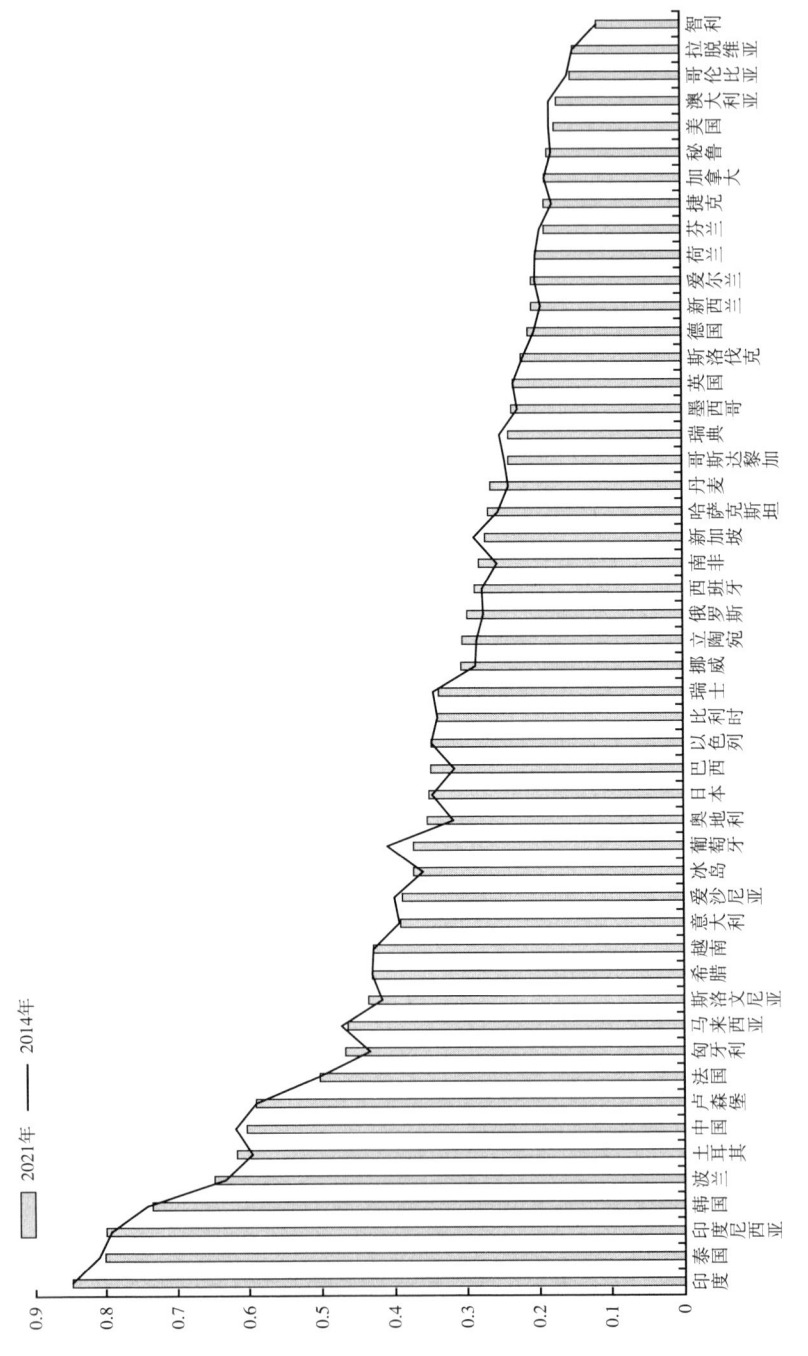

图 2-6 2014 年与 2021 年各国专业服务贸易限制指数

和 ICT 服务限制指数来说，专业服务贸易限制指数普遍较高。2021 年最高的国家为印度，为 0.8470，其次为泰国、印度尼西亚、韩国、波兰、土耳其、中国、卢森堡和法国，其限制指数均高于 0.5，而数值低于 0.2 的国家仅有美国、加拿大、澳大利亚、智利等 9 个国家。从具体国家来看，中国限制性指数为 0.6025，排名第 7；法国为 0.5015，排名第 9；而日本为 0.3505，排名第 20；俄罗斯为 0.297，排名第 27；德国为 0.211，排名第 38；美国为 0.1725，排名第 46。

从变化趋势来看，50 个国家中该项限制指数提升的有巴西、俄罗斯、印度尼西亚、日本、德国等 23 个国家，不变的有印度、越南、英国等 11 个国家，下降的有中国、新加坡、泰国和美国等 16 个国家。整体来看各国对专业服务贸易的限制性较高。

（4）个人文娱服务贸易限制指数

图 2-7 表示各国个人文娱服务贸易限制指数。个人文娱服务贸易限制指数位居第一的国家为中国，高达 0.5493，远远高于其他国家。之后依次是巴西、冰岛、墨西哥、俄罗斯、秘鲁、土耳其、泰国、哥伦比亚、哈萨克斯坦、印度尼西亚和瑞士，其限制指数均高于 0.3，其中除瑞士和冰岛外均为发展中国家。而数值相对较低的主要为日本、德国、英国、澳大利亚、美国等发达国家，其数值基本保持在 0.1~0.2。总体来说，发达国家该项服务贸易限制指数要低于发展中国家，自由化程度相对较高。

从变化趋势来看，50 个国家中俄罗斯、巴西、南非、日本等 27 个国家的限制指数有所提升，以色列、奥地利、比利时、加拿大和智利 5 个国家的数值保持不变，印度尼西亚、泰国和中国等 18 个国家的指数有所下降。

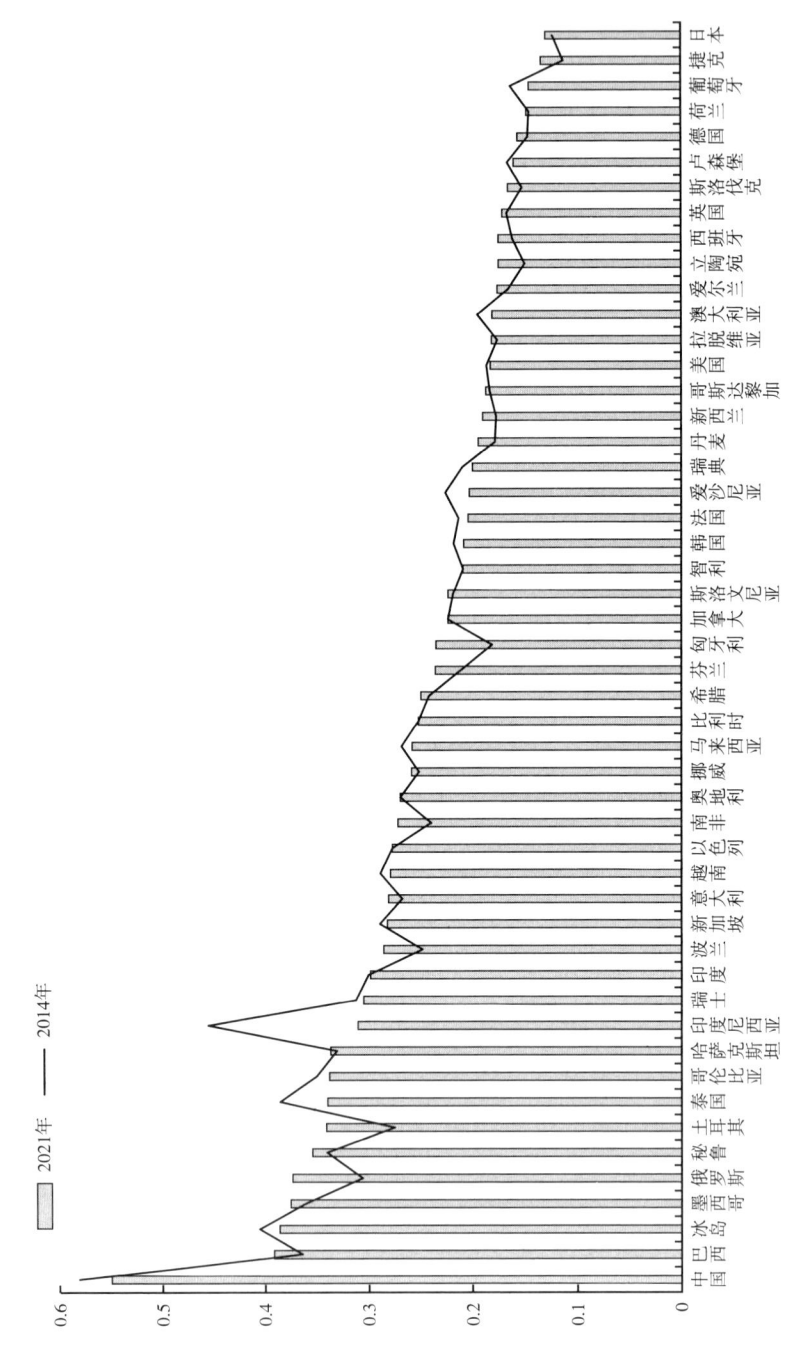

图 2-7 2014 年与 2021 年各国个人文娱服务贸易限制指数

二 数字服务贸易份额衡量

虽然 OECD 数字服务贸易限制指数能在一定程度上从政策层面反映当前数字服务贸易自由化的发展现状,但是由于各国数字服务贸易限制指数几年间的变化趋势并不明显且有研究指出,欧美国家构建的数字服务贸易限制指标体系存在不客观的问题,一定程度上不能对以中国为代表的发展中国家的数字服务贸易自由化程度进行准确衡量①。因此本部分采用数字服务贸易量及进出口份额指标对数字服务贸易自由化进行分析。

选取 75 个经济体对数字服务贸易份额进行分析,其中包括 38 个发达经济体(澳大利亚、奥地利、爱尔兰、美国、英国、法国、韩国、比利时、芬兰、意大利、冰岛、葡萄牙、希腊、捷克、瑞士、卢森堡、立陶宛、拉脱维亚、德国、马耳他、日本、新加坡、加拿大、新西兰、丹麦、瑞典、西班牙、挪威、荷兰、斯洛伐克、斯洛文尼亚、塞浦路斯、以色列、波兰、匈牙利、爱沙尼亚、中国香港、中国台湾)和 37 个发展中经济体(中国、印度、俄罗斯、巴西、阿根廷、孟加拉国、保加利亚、文莱、不丹、智利、哥伦比亚、哥斯达黎加、斐济、克罗地亚、印度尼西亚、哈萨克斯坦、吉尔吉斯斯坦、柬埔寨、老挝、斯里兰卡、摩洛哥、马尔代夫、墨西哥、缅甸、蒙古国、马来西亚、尼泊尔、巴基斯坦、秘鲁、菲律宾、罗马尼亚、沙特阿拉伯、泰国、突尼斯、土耳其、越南、南非)。

---

① Ferracane M. F., Lee-Makiyama H., Van Der Marel E., Digital Trade Restrictiveness Index, European Center for International Political Economy, 2018. 白丽芳、左晓栋:《欧洲"数字贸易限制指数"分析》,《网络空间安全》2019 年第 2 期,第 41~48 页。

(一)数字服务出口份额

1. 全球层面

如图2-8所示,综合75个经济体的数据分别得到发达经济体和发展中经济体的数字服务出口量及份额。首先,从数字服务出口量来看,2005~2020年全球数字服务出口量呈持续上升态势,2020年出口量高达3076675百万美元,是2005年的3倍多,全球数字服务出口蓬勃发展;值得注意的是,发达经济体的数字服务出口规模要远大于发展中经济体,说明发展中经济体与发达经济体间的数字鸿沟问题仍然严峻。从数字服务出口份额来看,无论是发达经济体还是发展中经济体,其数字服务出口份额均呈不断上升趋势,并且在2020年发达经济体的数字服务出口在总服务出口中的比重已接近70%,发展中经济体也攀升至50%以上,表明数字服务贸易已成为全球服务贸易的重要形态和关键力量。从数字服务出口量增速来看,2005~2020年全球数字服务出口量平均增速为8.6%,

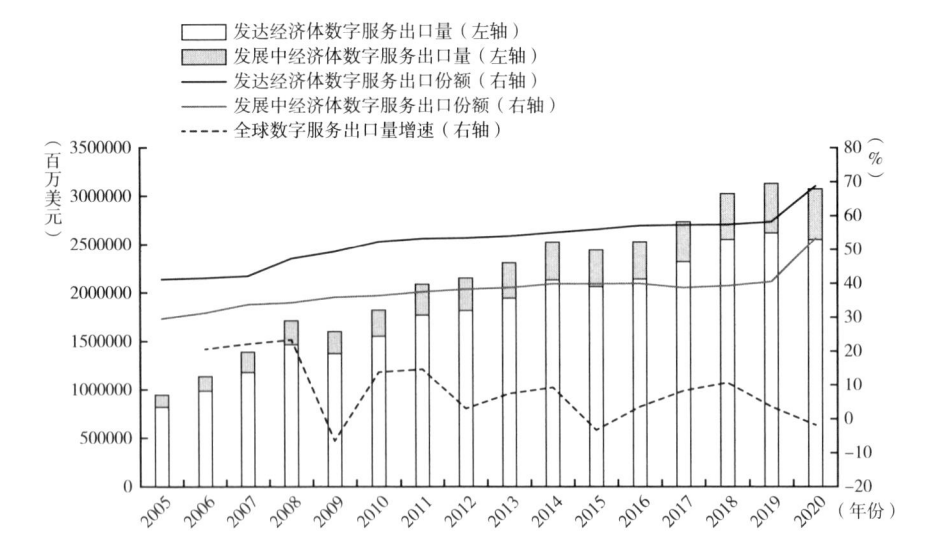

图2-8 2005~2020年全球数字服务出口量、出口增速以及出口份额

2009年由于受金融危机的影响增速下跌至-6.6%,之后又恢复正增长;近年来在逆全球化盛行的背景下,数字服务出口仍实现了正增长,尽管2020年受新冠肺炎疫情的影响增速跌至-1.8%,但不可否认数字服务贸易已成为推动未来经贸发展的新引擎。总体而言,发达经济体与发展中经济体的数字服务出口规模不断扩大,在总服务出口中的比重也达一半以上,说明数字服务贸易发展迅速,数字服务贸易自由化程度不断提升。

2. 经济体层面

(1) 发达经济体

图 2-9 表示 38 个发达经济体的数字服务出口份额发展情况。从图 2-9 中可以看出,2020 年数字服务出口份额位居第一的国家是爱尔兰,高达 92.94%,之后依次是卢森堡、英国、以色列、瑞典、芬兰和美国等经济体,而希腊、立陶宛、丹麦、新西兰、澳大利亚等经济体的数字服务出口份额相对较低,希腊只有 16.19%,与爱尔兰相差约 76 个百分点,表明各发达经济体间的数字服务出口份额差距较大。从具体经济体来看,美国数字服务出口份额为 75.55%,排名第 7,日本为 71.58%,排名第 9,德国为 65.56%,排名第 13。从变化趋势来看,除马耳他外,其余 37 个发达经济体的数字服务出口份额均有所上升,上升幅度最大的经济体为塞浦路斯,上升了 28.09 个百分点,而马耳他下降了 13.23 个百分点。总体来说,各发达经济体数字服务出口份额不断上升,数字服务贸易自由化程度不断提高。

(2) 发展中经济体

图 2-10 表示 31 个发展中经济体的数字服务出口份额发展情况(由于老挝、缅甸、越南、文莱、秘鲁和突尼斯这 6 个国家在

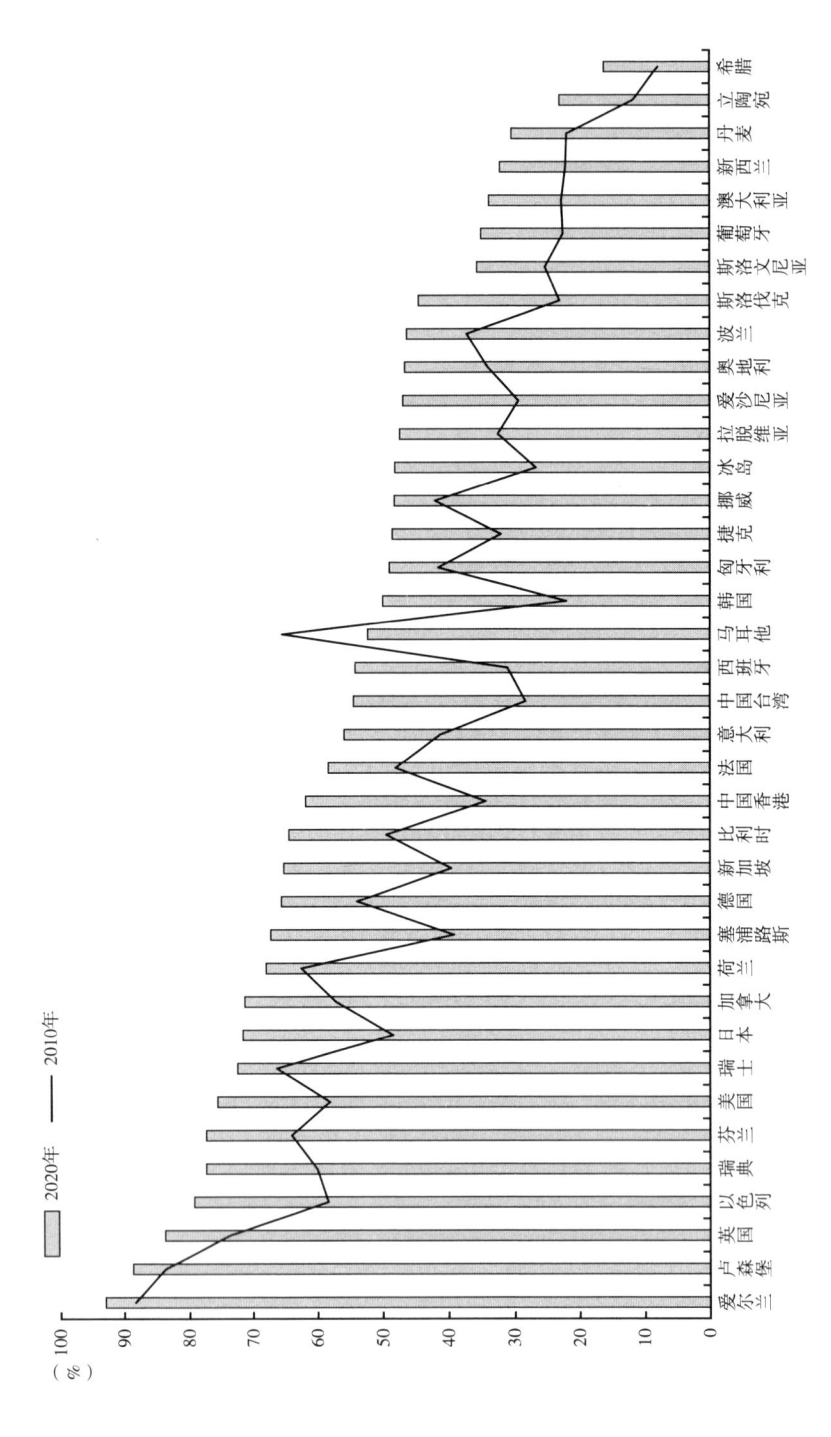

图 2-9 2010 年与 2020 年发达经济体数字服务出口份额

第二章 数字服务贸易自由化的现状分析

图 2-10 2010 年与 2020 年发展中经济体数字服务出口份额

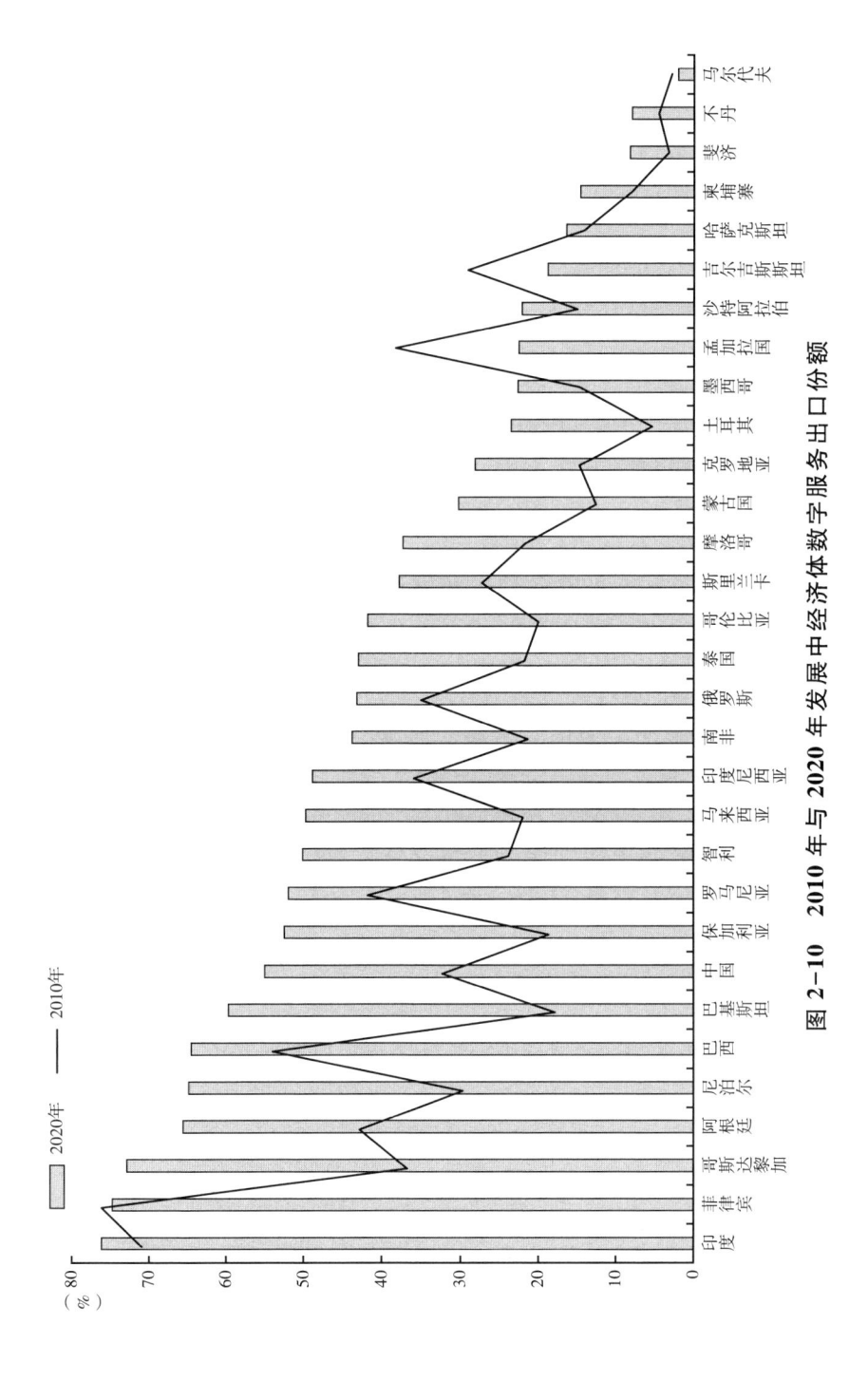

个别年份数据缺失,故将其剔除)。如图 2-10 所示,数字服务出口份额排名第一的发展中经济体为印度,达 76.15%,菲律宾和哥斯达黎加紧随其后,其数字服务出口份额也超过 70%。而相对较低的经济体有马尔代夫、不丹、斐济等,其数字服务出口份额不足 10%。从具体经济体来看,巴西出口份额为 64.50%,位居第 6,中国为 55.01%,位居第 8,俄罗斯为 43.19%,排名第 15。从变化趋势来看,与 2010 年相比,27 个发展中经济体数字服务出口份额有所上升,只有 4 个经济体的出口份额有所下降,上升幅度最大的经济体为巴基斯坦,上升达 41.80 个百分点,中国上升了 22.68 个百分点,而下降幅度最大的经济体是孟加拉国,下降了 15.69 个百分点。总体而言,大部分发展中经济体的数字服务出口份额均有不同程度的提升,即数字服务贸易自由化程度在不断提升。

(3) 主要经济体

表 2-4 对美国、德国、英国、日本、澳大利亚、中国、印度、俄罗斯和巴西 9 个世界主要经济体展开进一步分析。这些经济体是发达经济体和发展中经济体的中坚力量,通过对这 9 个经济体的分析,可以更好地解释两类经济体间数字服务贸易份额的差距,从而更好地把握各经济体背后的政策主张和利益诉求。

表 2-4 主要经济体数字服务出口份额变化

单位:%

经济体	2005 年	经济体	2010 年	经济体	2015 年	经济体	2020 年
印度	71.61	英国	73.67	英国	72.55	英国	83.72
英国	71.57	印度	70.91	印度	72.49	印度	76.15
美国	53.35	美国	58.06	巴西	63.78	美国	75.55
德国	49.08	巴西	54.01	德国	58.54	日本	71.58

续表

经济体	2005年	经济体	2010年	经济体	2015年	经济体	2020年
巴西	46.08	德国	53.86	美国	57.95	德国	65.56
日本	43.05	日本	48.44	日本	53.00	巴西	64.50
俄罗斯	27.49	俄罗斯	34.98	中国	42.68	中国	55.01
澳大利亚	22.37	中国	32.33	俄罗斯	37.24	俄罗斯	43.19
中国	22.11	澳大利亚	22.93	澳大利亚	25.49	澳大利亚	33.68

从出口份额大小来看，英国的数字服务出口份额在2010年反超印度，在9个经济体中排名第一，2020年其出口份额高达83.72%，印度位居第二。除俄罗斯和澳大利亚外，其余7个经济体数字服务出口份额在2020年均超过50%。从变化趋势来看，9个经济体的数字服务出口份额均在不断上升，表明数字服务贸易在各经济体服务贸易中的核心地位越来越明显。从变化速度来看，2005~2020年上升幅度最大的经济体是中国，上升了32.90个百分点；其次是日本、美国、巴西和德国，分别上升了28.53个、22.20个、18.41个与16.47个百分点[①]；之后是俄罗斯，上升了15.70个百分点，英国上升了12.15个百分点，澳大利亚上升了11.31个百分点，印度上升幅度最小，仅有4.54个百分点。发达经济体中英国、美国、德国和日本在数字经济方面起步早、基础强，数字服务出口份额增长也较快，数字服务贸易自由化程度较高，而澳大利亚数字服务贸易发展相对滞后，发展速度也不如其他发达经济体。发展经济体中，中国作为新兴国家数字服务出口发展迅速，与发达国家间的差距在不断缩小。印度作为全球最大的服务

---

① 表中保留两位小数，实际百分点差值按未保留两位数前计算得出，故与按表中数据直接计算略有差别，下同。

外包基地，其在数字服务出口方面本身就有其独特优势，但发展速度有所放缓。巴西的数字服务出口发展也较快，在2020年已达64.50%；俄罗斯数字服务出口发展相对较慢，但呈不断增长之势。

（二）数字服务进口份额

1. 全球层面

如图2-11所示，综合75个经济体的数据分别得到发达经济体和发展中经济体的数字服务进口量及进口份额。首先，从数字服务进口量来看，2005~2020年全球数字服务进口量整体呈上升趋势，16年间共增长了2倍多。发展中经济体与发达经济体数字服务进口规模仍有较大差距。从数字服务进口占总服务进口的份额来看，发达经济体的进口份额呈逐年上升趋势，且2020年上升幅度较大，进口份额达66.54%；而发展中经济体的数字服务进口份额在2011年后有所下降，之后趋于平缓，只在2020年有较大幅度的上升，且其进口份额没有超过50%，与发达经济体有一定差距。从数字服务进

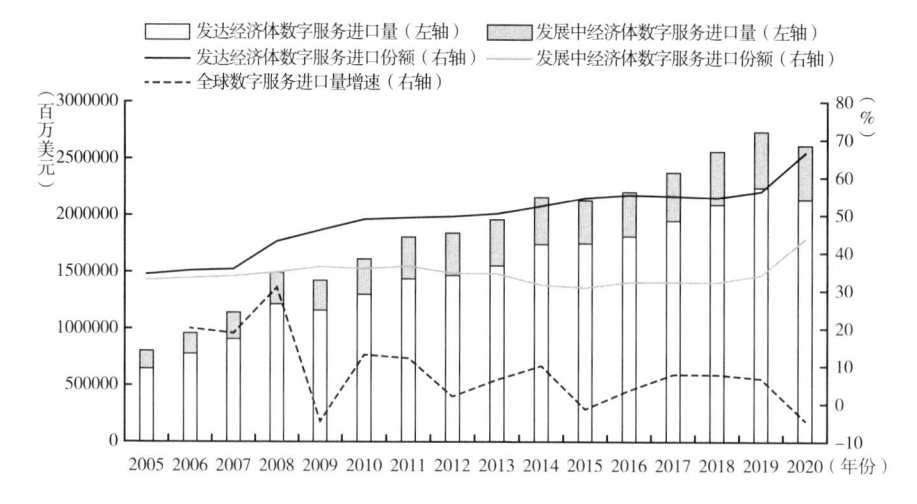

图2-11　2005~2020年全球数字服务进口量、进口增速以及进口份额

口增速来看，2005~2020年全球数字服务进口年平均增速达8.6%。除在2009年、2015年和2020年出现负增长外，其余年份均为正增长，表明数字服务贸易发展势头良好，全球数字服务贸易自由化程度逐渐提升。

2. 经济体层面

（1）发达经济体

图2-12为37个发达经济体的数字服务进口份额发展情况（以色列由于2020年数据缺失将其剔除）。从进口份额大小来看，排名第一的经济体仍是爱尔兰，其数字服务进口份额高达94.93%，其次是马耳他、卢森堡、瑞士等国家，日本的数字服务进口份额为72.23%，排名第7；美国为69.00%，排名第9；德国为59.41%，排名第20。希腊的数字服务进口份额最低，为27.03%。从变化趋势来看，与2010年相比，2020年数字服务进口份额上升的有36个经济体，只有希腊一个经济体有轻微下降。其中上升幅度最大的经济体为日本，上升了28.52个百分点。整体来说，各经济体数字服务进口份额稳步增长，但增长速度存在差异。

（2）发展中经济体

图2-13表示31个发展中经济体的数字服务进口份额发展情况。如图2-13所示，从进口份额大小来看，数字服务进口份额最大的发展中经济体是巴西，为67.78%，其次是印度尼西亚、哥斯达黎加、罗马尼亚和阿根廷等，进口份额较小的国家为不丹、吉尔吉斯斯坦、沙特阿拉伯等，其进口份额不足20%。值得注意的是，相比数字服务出口份额，印度的数字服务进口份额只有50.46%，排名第14；中国的进口份额为36.63%，排名第22，在发展中经济

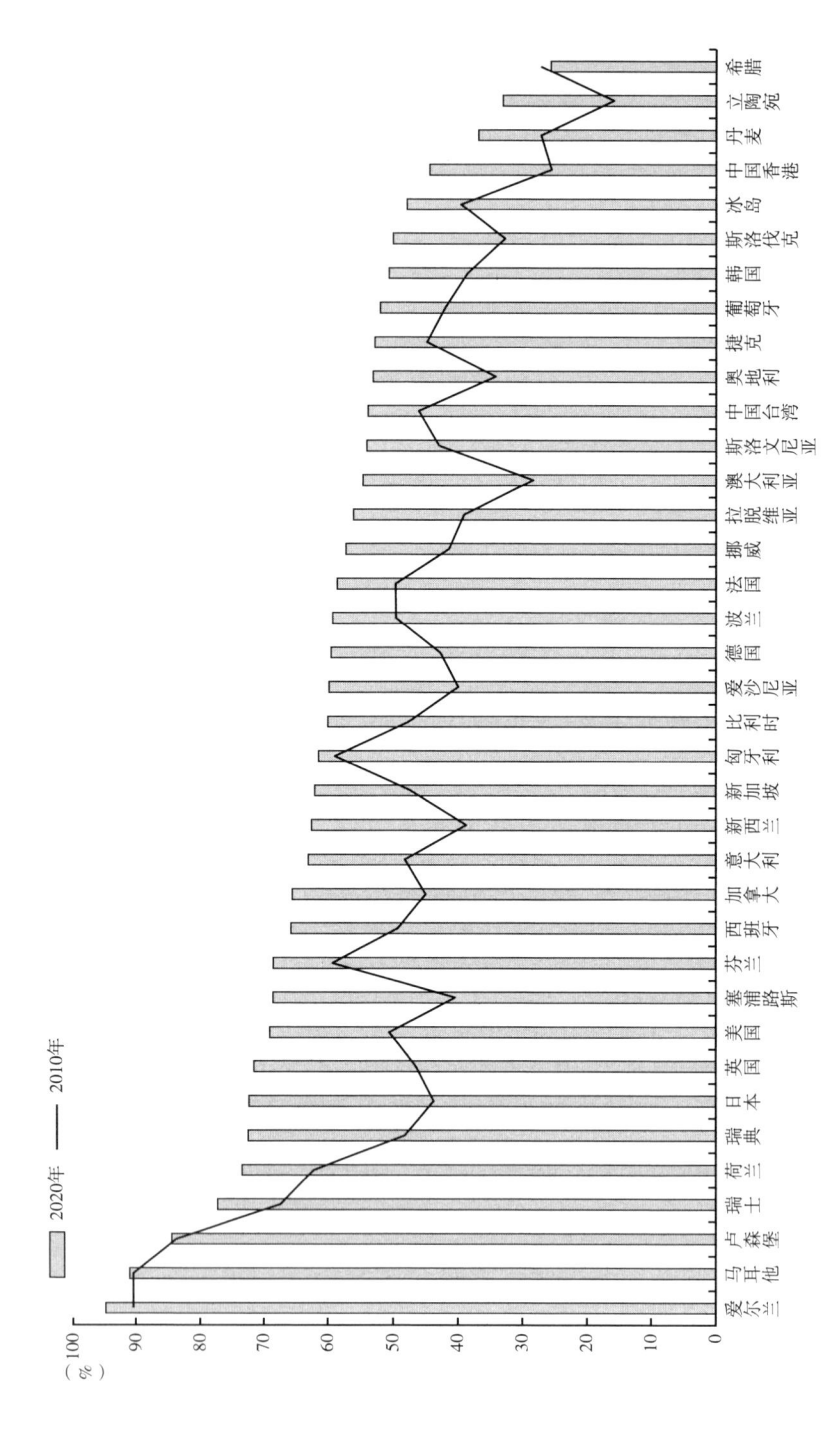

图 2-12 2010 年与 2020 年发达经济体数字服务进口份额

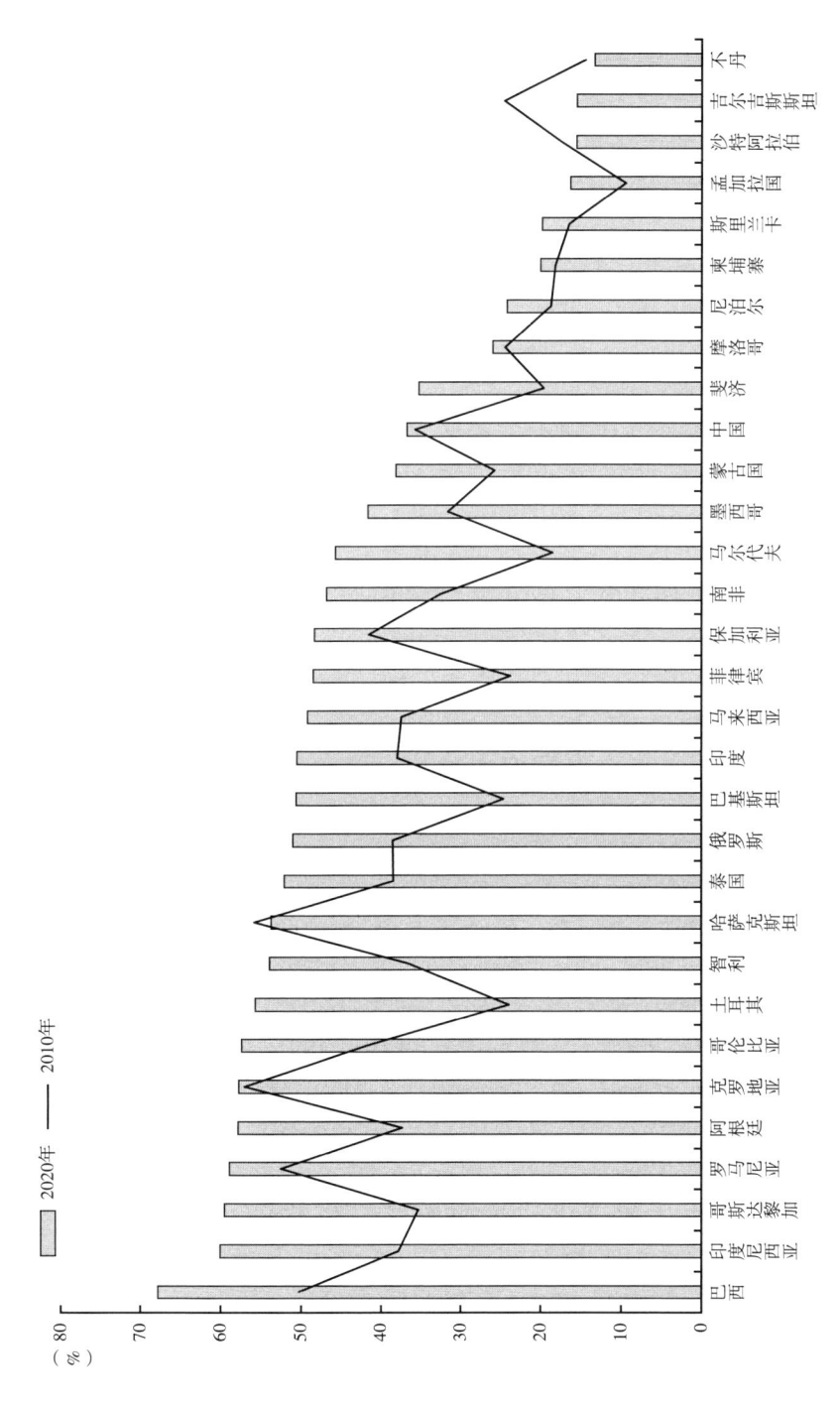

第二章 数字服务贸易自由化的现状分析

图 2-13 2010年与2020年发展中经济体数字服务进口份额

体排名中处于靠后位置。另外，比较2010年和2020年的份额数值后发现，发展中经济体里有27个经济体的份额出现上升趋势，其中上升幅度最大的经济体为土耳其，达31.72个百分点，而中国仅上升了0.97个百分点。其余4个经济体的份额呈下降趋势，其中下降幅度最大的是吉尔吉斯斯坦，下降了9个百分点。

（3）主要经济体

表2-5表示9个主要经济体数字服务进口份额变化及排名情况。对比9个经济体四年的进口份额发现，日本上升幅度最大，上升了37.06个百分点，并于2020年跃居第一，进口份额达72.23%；其次是澳大利亚、英国和美国，分别上升了30.74个、30.26个和28.24个百分点；德国和俄罗斯也上升了将近21个百分点，巴西和印度分别上升了19.13个和17.03个百分点，只有中国下降了0.89个百分点。从中可以看出日本数字服务进口发展速度最快，发展势头良好，澳大利亚、英国、美国、德国等发达经济体进口份额也呈不断上升趋势，增速也较快。而印度、巴西等发展中经济体虽然进口份额也在逐渐提升，但发展速度不如发达经济体，在经济体排名中逐渐下滑。中国是9个经济体中唯一出现份额下降的经济体，2005~2015年其进口份额由37.53%下降至19.77%，可能是由于中国数字服务市场不够成熟，在核心技术、法律监管、知识产权等领域存在短板，为保护本国数字服务发展而提高了对外数字服务进入壁垒，2015年后中国数字服务进口份额出现回升态势，到2020年上升了16.86个百分点，可以看出中国数字服务贸易自由化程度有所提升。

表 2-5　主要经济体数字服务进口份额变化

单位：%

经济体	2005年	经济体	2010年	经济体	2015年	经济体	2020年
巴西	48.66	美国	50.58	日本	57.78	日本	72.23
英国	41.20	巴西	50.36	巴西	56.72	英国	71.46
美国	40.77	英国	46.46	美国	52.56	美国	69.00
德国	38.53	日本	43.71	英国	50.73	巴西	67.78
中国	37.53	德国	42.61	德国	47.42	德国	59.41
日本	35.17	俄罗斯	38.46	印度	38.15	澳大利亚	54.49
印度	33.42	印度	37.87	俄罗斯	37.52	俄罗斯	50.95
俄罗斯	30.07	中国	35.66	澳大利亚	30.77	印度	50.46
澳大利亚	23.75	澳大利亚	28.25	中国	19.77	中国	36.63

（三）数字服务贸易份额

1. 全球层面

如图 2-14 所示，综合 75 个经济体的数据分别得到发达经济体和发展中经济体的数字服务贸易量及份额。从数字服务贸易规模来看，全球数字服务贸易规模从 2005 年的 1744873 百万美元上升至 2020 年的 5692598 百万美元，增长了将近 4000000 百万美元，上升

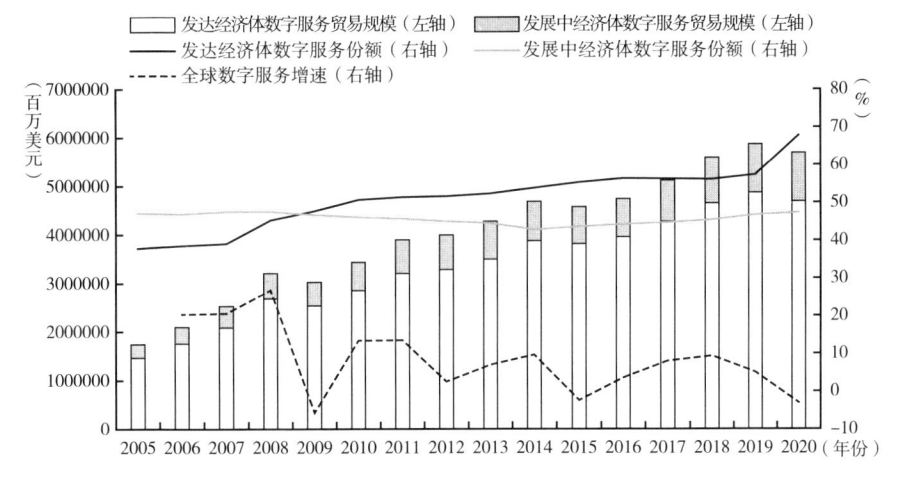

图 2-14　2005~2020 年全球数字服务贸易规模、增速以及份额变化

态势明显。另外，发达经济体和发展中经济体的数字服务贸易规模也均呈上升趋势，但其差距仍然较大。从数字服务贸易占总服务贸易的份额来看，发达经济体的数字服务贸易份额呈稳步增长趋势，从2005年到2020年上升了29.88个百分点，上升势头良好，而发展中经济体的数字服务贸易份额在2005~2014年呈下降趋势，2014年后才开始缓慢回升，仅上升了0.24个百分点。从数字服务贸易增速来看，在全球单边主义、贸易保护主义盛行的背景下，数字服务贸易规模仍在不断增长，2019年增速达4.99%，可见数字服务贸易已成为全球经济发展的重要驱动力量，而2020年由于受新冠肺炎疫情的影响，数字服务贸易又出现3.02%的负增长。

2. 经济体层面

（1）发达经济体

图2-15表示37个发达经济体（剔除以色列）的数字服务贸易份额发展情况。如图2-15所示，2020年数字服务贸易份额最大的经济体是爱尔兰，其次是卢森堡、英国、瑞典、瑞士等经济体；美国的数字服务贸易份额为72.96%，位居第6；日本为71.93%，位居第8；而希腊的份额最低，只有14.62%。从变化趋势来看，36个经济体的数字服务贸易份额均呈上升趋势，其中上升幅度最大的经济体是塞浦路斯，上升了28.20个百分点，其次是日本，上升了26.09个百分点，只有马耳他一个经济体下降了7.01个百分点。整体来说，发达经济体的数字服务贸易份额在不断提升，数字服务贸易自由化程度明显提高。

（2）发展中经济体

图2-16表示31个发展中经济体的数字服务贸易份额发展情况。如图2-16所示，2020年数字服务贸易份额最高的发展中经济体是哥斯达黎加，为68.38%；巴西、印度和菲律宾紧随其后，贸

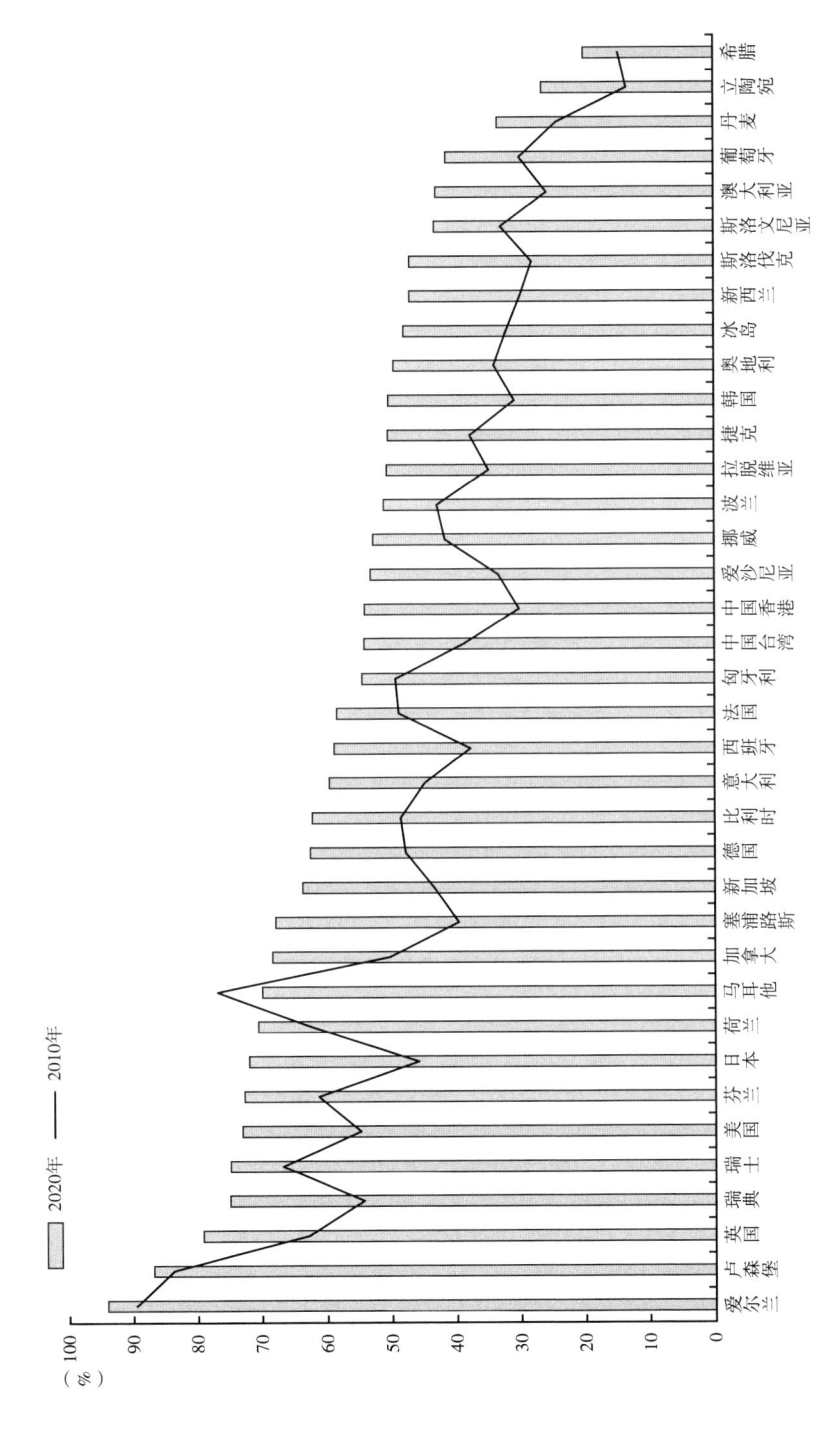

图 2-15 2010 年与 2020 年发达经济体数字服务贸易份额

图 2-16 2010 年与 2020 年发展中经济体数字服务贸易份额

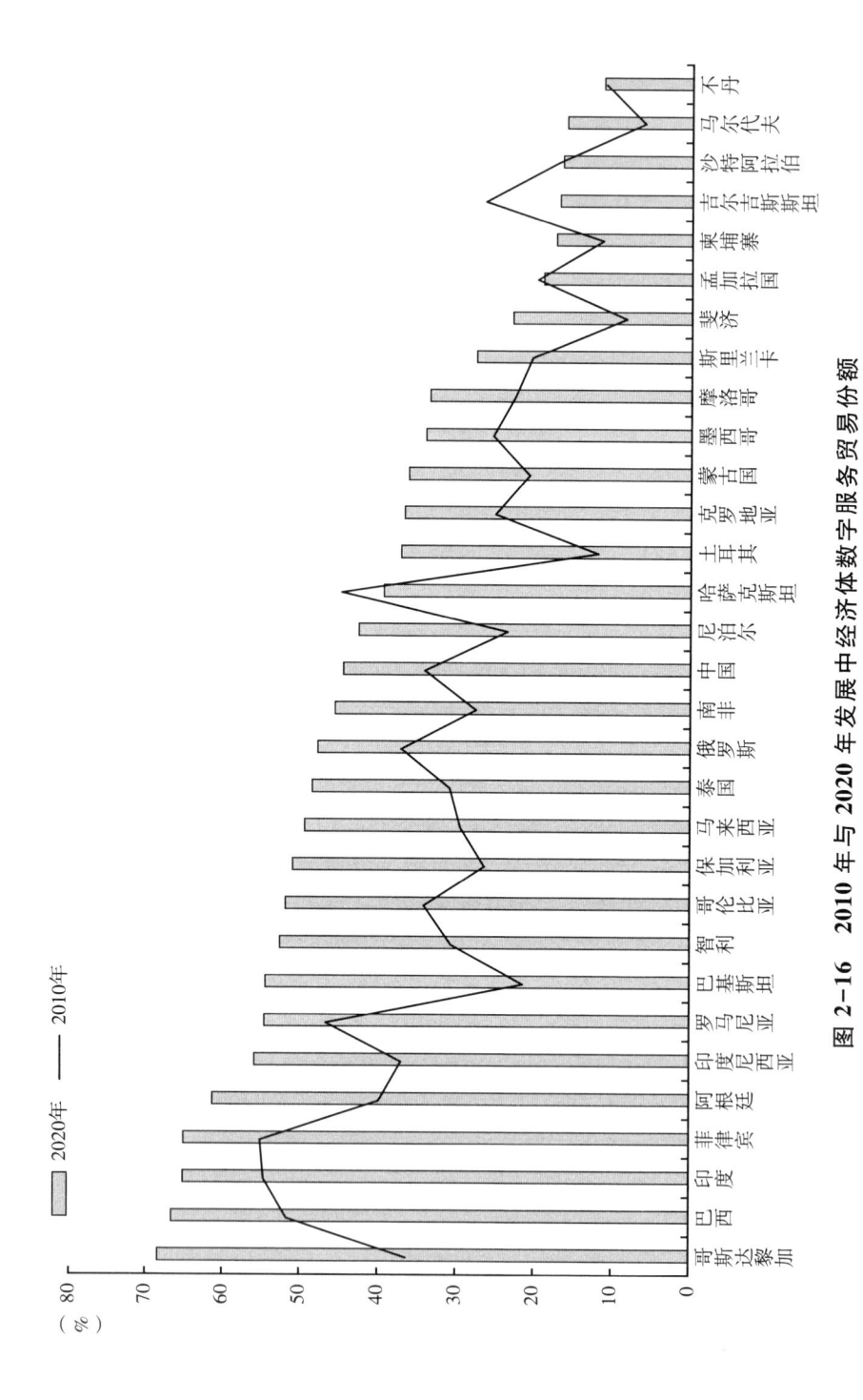

易份额均在 65% 以上；份额最低的经济体为不丹，仅有 11.27%，其中中国为 44.43%，排名第 16，俄罗斯为 47.67%，排名第 14。从变化趋势来看，与 2010 年相比，2020 年数字服务贸易份额提升的经济体有 27 个，其中巴基斯坦的提升幅度最大，上升了 32.96 个百分点，而数字服务贸易份额下降的仅有沙特阿拉伯、孟加拉国、哈萨克斯坦和吉尔吉斯斯坦 4 个经济体，其中吉尔吉斯斯坦的下降幅度最大，下降了 9.51 个百分点。整体来说，绝大部分发展中经济体的数字服务贸易份额呈上升趋势，数字服务贸易自由化程度不断提高。

（3）主要经济体

表 2-6 表示全球 9 个主要经济体的数字服务贸易份额变化及排名情况。如表 2-6 所示，在 2005 年、2010 年、2015 年和 2020 年四年间英国的数字服务贸易份额均居于首位，且份额在不断提升，上升了 20.43 个百分点。美国的数字服务贸易份额也在不断提升，提升了 25.30 个百分点，虽然其在 2015 年排名有所下降，但在 2020 年又上升到仅次于英国的位置，其数字服务贸易发展势头依然强劲。日本是 9 个经济体中份额上升幅度最大的经济体，共上升了 33.42 个百分点，从 2005 年的第 6 名跃居到 2020 年的第 3 名。德国的数字服务贸易稳步发展，其份额上升了 19.29 个百分点，排名有所下滑。与美、日、德、英相比，澳大利亚的数字服务贸易发展相对滞后，在 9 个经济体中排名最低，其数字服务贸易份额从 2005 年的 23.07% 上升到 2020 年的 42.88%，上升了 19.81 个百分点。另外，发展中经济体中数字服务贸易份额上升幅度最大的经济体是巴西，上升了 18.94 个百分点，排名较为靠前，2020 年位居第 4。其次是俄罗斯，上升了 18.67 个百分点。中国和印度的数字

服务贸易份额分别上升了 14.35 个和 13.99 个百分点,但其排名均有所下滑,中国在 2020 年位居第 8,印度位居第 5。整体来说,发达经济体数字服务贸易份额的增长幅度要大于发展中经济体,其数字服务贸易量在总服务贸易量中的占比也相对较高,说明不同经济体间的数字服务贸易份额仍存在差距。但其数字服务贸易份额都呈明显上升趋势,表明数字服务贸易自由化程度在不断提高。

表 2-6　主要经济体数字服务贸易份额变化

单位:%

经济体	2005 年	经济体	2010 年	经济体	2015 年	经济体	2020 年
英国	58.71	英国	62.88	英国	64.06	英国	79.13
印度	51.08	美国	54.86	巴西	59.00	美国	72.96
美国	47.66	印度	54.54	印度	57.33	日本	71.93
巴西	47.63	巴西	51.58	美国	55.83	巴西	66.58
德国	43.20	德国	47.79	日本	55.50	印度	65.08
日本	38.50	日本	45.83	德国	52.77	德国	62.49
中国	30.08	俄罗斯	37.08	俄罗斯	37.41	俄罗斯	47.67
俄罗斯	29.00	中国	34.06	澳大利亚	28.33	中国	44.43
澳大利亚	23.07	澳大利亚	25.73	中国	27.43	澳大利亚	42.88

综上所述,得出以下结论。①全球层面。2005~2020 年全球数字服务贸易量呈上升趋势,发达经济体的贸易份额也不断上升,发展中经济体的贸易份额虽然有所下降,但近年来也在缓慢回升,全球数字服务贸易自由化程度在不断提高。②经济体层面。68 个经济体中(剔除以色列、老挝、缅甸、越南、文莱、突尼斯和秘鲁),37 个发达经济体和 27 个发展中经济体的数字服务贸易份额均在不断上升,仅有 5 个经济体的份额有所下降,说明数字服务贸易自由化程度越来越高。③主要经济体。从份额来看,美国、日

本、英国和德国这些老牌发达经济体的数字服务贸易份额要高于澳大利亚和其他发展中经济体，澳大利亚数字服务贸易发展相对滞后，巴西和印度数字服务贸易份额相对较高，中国和俄罗斯相对较低。从增长幅度来看，中国的数字服务出口份额增幅最大，数字服务进口份额有所下降；印度的数字服务出口份额和数字服务贸易份额增幅最小；日本的数字服务进口份额和数字服务贸易份额增幅最大；其他经济体的数字服务进出口及贸易份额均稳步提升。

三 数字贸易自由化指数

（一）全球层面

1. 数字贸易协定数量趋势

（1）不同经济体间签署的 RTA 数量

如图 2-17 所示，2001～2022 年[①]在全球范围内生效的 RTA 数量逐年稳步增长，从 2001 年的 84 个增长至 2022 年 5 月的 355 个，且在 2021 这一年中生效协定最多，多达 45 个，说明区域贸易协定发展势头强劲。发达经济体之间签署的 RTA 数量最少，2020 年之前发展中经济体之间签署的协定数量大于发达经济体与发展中经济体之间签订的数量，但发达经济体与发展中经济体签署的 RTA 数量增速最快，在 2021 年反超发展中经济体之间签订的 RTA 数量，而发达经济体间签署的 RTA 数量和发展中经济体间签署的 RTA 数量增长相对较慢，但也呈稳步增长态势。

（2）不同经济体间签署的含数字贸易规则的 RTA 数量

只要签署的 RTA 中存在数字贸易条款，就视为数字贸易协定。图 2-18 为不同经济体间签署生效的数字贸易协定数量。如图 2-18

---

① 2022 年为截至 5 月的数据，下同。

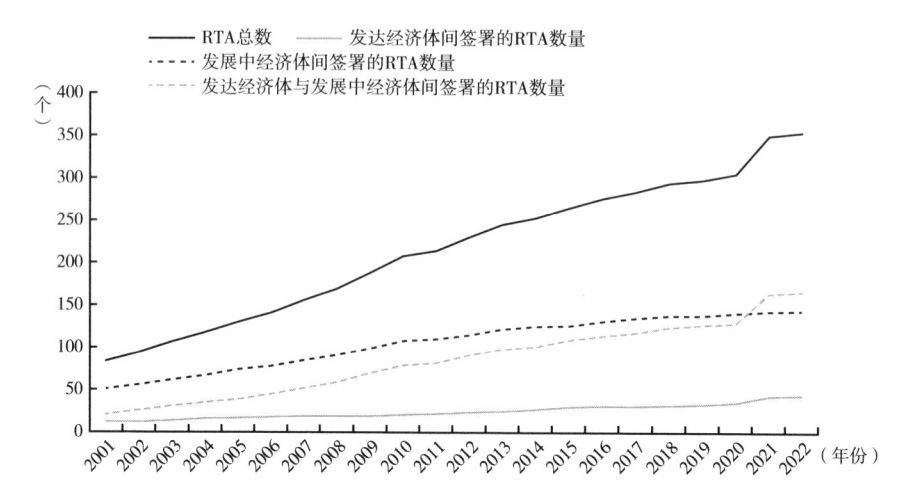

图 2-17　2001~2022 年全球 RTA 数量增长趋势

注：2022 年数据为截至 5 月的数据。下同。

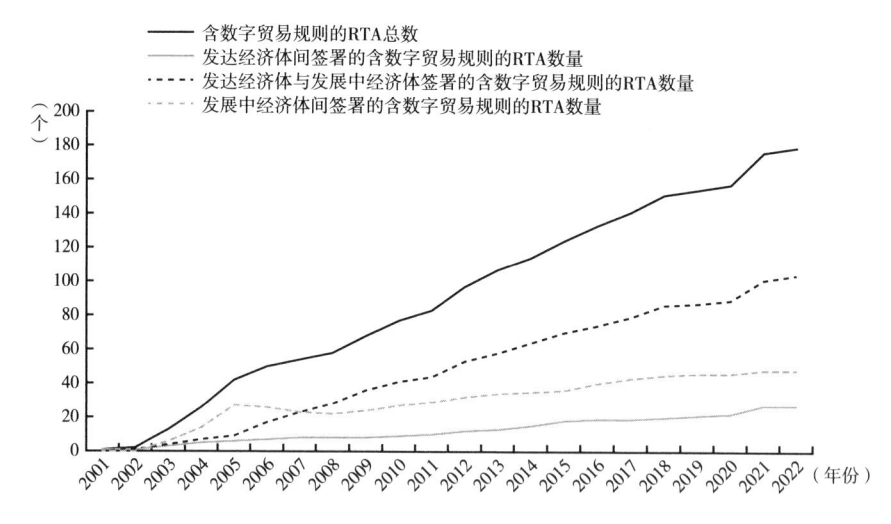

图 2-18　2001~2022 年全球数字贸易协定数量增长趋势

所示，总体而言，含数字贸易规则的 RTA 数量在近 20 年来整体呈直线增长趋势。截至 2022 年 5 月，全球范围内生效的含数字贸易规则的 RTA 共计 179 个，反映出各经济体政府对数字贸易规则的日益重视。发达经济体之间签署的含数字贸易规则的 RTA 数量一直最少，2007 年之前，发展中经济体之间签署的含数字贸易规则的 RTA 数量大于发达经济体与发展中经济体之间签署的数量，2007 年之后，发达经济体与发展中经济体之间签署的含数字贸易规则的 RTA 数量快速增长，超过发展中经济体之间签订的数量。

近年来，不同类型经济体间签署的 RTA 数量均呈上升趋势，但其发展规模和速度并不相同。其中，发达经济体与发展中经济体签署的含数字贸易规则的 RTA 数量最多且增长速度最快，在区域经济合作浪潮中占据主导地位；发达经济体间签署的 RTA 数量最少，但呈稳步增长趋势。而发展中经济体间签署的 RTA 数量虽然多于发达经济体，但其发展不够稳定，在 2005~2008 年甚至出现下降趋势，表明其之前新签署生效的含数字贸易规则的区域贸易协定小于失效的数量，这可能是由发展中经济体政局不稳、条款深度不足或是经济受到冲击所致。

（3）采用不同模板的数字贸易协定数量及经济体分布

图 2-19 为近 20 年来各经济体采用不同模板签署生效的数字贸易协定数量。总体来看，无论是采用美式、欧式还是其他模板，各国签署生效的数字贸易协定数量均呈上升趋势。具体来说，采用新加坡式等其他模板签署生效的 RTA 数量最多且增长速度最快，但近年来有所放缓，其次较多的是美式模板，而采用欧式模板的 RTA 数量最少。从增长速度来看，2011 年后采用欧式模板签署 RTA 的增速逐步提升，与美式模板的差距逐渐缩小，尤其是 2021 年采用欧式模板签署 RTA 的数量大大增加。另外，从图中还可以看出没有采用任何模板签署生效的 RTA 数量也在不断提升，且大大超过其他三种模板数量，表现出不同经济体签

署数字贸易规则背后诉求的差异性与签署数字贸易规则的灵活性。

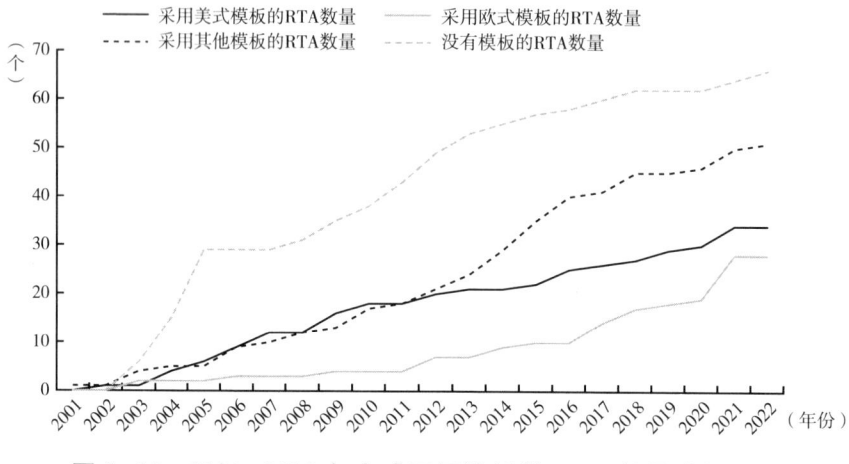

图 2-19 2001~2022 年全球不同模板的 RTA 数量增长趋势

表 2-7 为采用不同模板的数字贸易协定经济体分布。总体来说，除智利和墨西哥两个拉美国家外，采用美式模板和欧式模板的经济体主要为发达经济体，采用其他模板的经济体主要为亚太经济体，大多经济体没采用任何既有模板签署数字贸易协定，经济体分布也较为广泛。

具体来看，采用美式模板的主要是美国、智利、澳大利亚和新加坡等经济体；采用欧式模板的主要是欧盟和英国，日、韩、新 3 个经济体也有所采纳；而采用其他模板的经济体则主要是新加坡，签署协议达 12 个，其次是澳大利亚、中国、新西兰和加拿大等经济体；值得注意的是，日本、韩国和新加坡采用不同模板签署并生效的数字贸易协定都不为零，这反映出其与不同经济体签署数字贸易协定的灵活性。没有采用任何既有模板签署的数字贸易协定中，欧盟签署协议最多，其次是阿尔巴尼亚、土耳其、摩尔多瓦等，另外在没采用任何模板签署的82个数字贸易协定中，有16个已经失效，且均为发展中经济体所签署。

表 2-7 采用不同模板数字贸易协定的经济体分布

采用模板	协议数量（个）	占比（％）	主要经济体
美式模板	35	17.86	美国(12)、智利(10)、澳大利亚(7)、新加坡(7)、韩国(5)、墨西哥(4)、加拿大(3)、日本(3)
欧式模板	28	14.28	欧盟(18)、英国(8)、新加坡(3)、韩国(3)、日本(2)
其他模板	51	26.02	新加坡(12)、澳大利亚(8)、中国(7)、新西兰(7)、加拿大(7)、日本(4)、韩国(4)、哥斯达黎加(4)、越南(3)、中国台湾(3)
没有模板	82	41.84	欧盟(13)、阿尔巴尼亚(10)、土耳其(10)、摩尔多瓦(8)、日本(7)、中国(6)、秘鲁(6)、塞尔维亚(6)、波黑(6)、保加利亚(5)、欧盟(5)、克罗地亚(5)、韩国(4)、北马其顿(4)

注：括号中数字表示各经济体签订的数字贸易协定数。

2. 数字贸易自由化程度

（1）数字贸易条款分值

图 2-20 为 2001~2022 年区域数字贸易协定中数字贸易条款分值数变化趋势。从图中可以看出，RTA 中的数字贸易条款分值总体上呈现快速上升的态势，并且近年来增长速度有所加快，其中电子商务条款分值较大，其次是知识产权条款和数据自由流动条款，数据保护与网络安全条款分值最小，而且这四种条款分值也在不断上升。

（2）数字贸易条款数

图 2-21 为 2001~2022 年数字贸易协定中包含的数字贸易条款

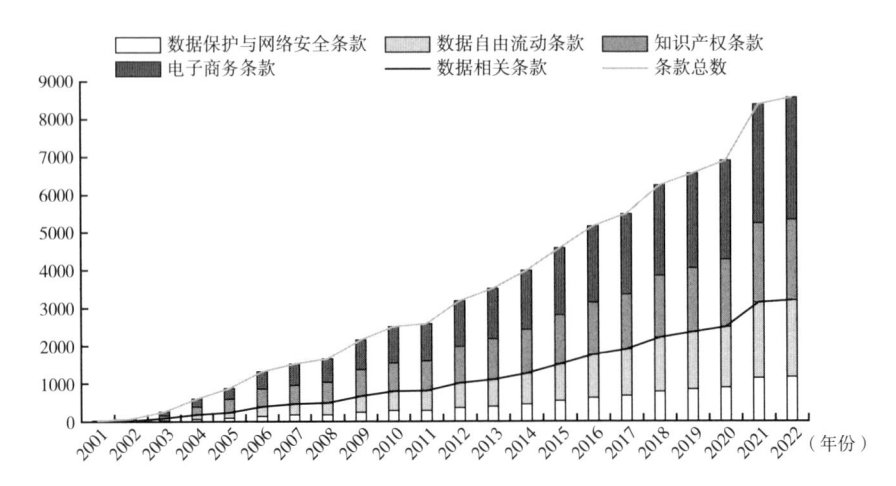

图 2-20　2001~2022 年区域贸易协定中数字贸易规则分值数

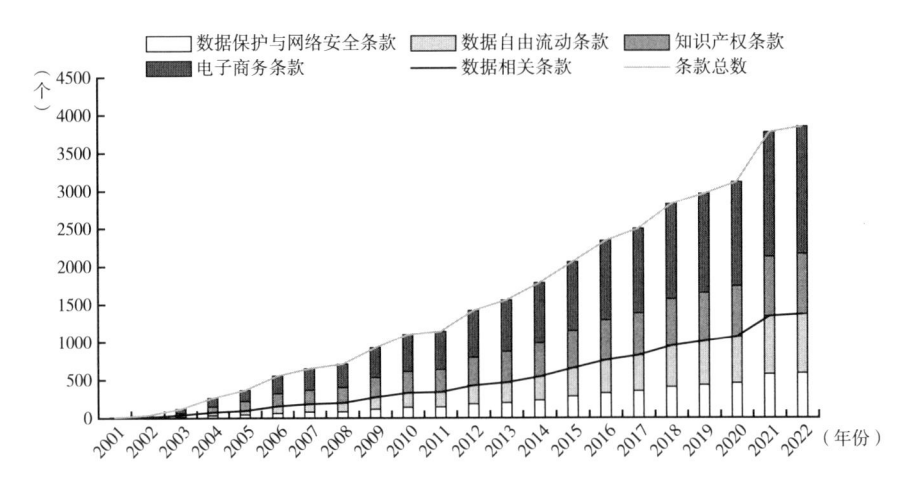

图 2-21　2001~2022 年数字贸易协定覆盖数字贸易条款数

数。如图 2-21 所示，RTA 中的数字贸易条款数也呈逐年上升态势，其中电子商务条款数最多，增长也最快，数据自由流动条款数虽少于知识产权条款数，但近年来增速较快，说明不同经济体对促进跨境数据自由流动的重视程度与数字服务贸易自由化水平的不断提升。数据保护与网络安全条款数量较少，增速也低于数据自由流动条款增速，说明各国在注重数据保护与网络安全的条件下，逐步放开对跨境数据流的限制，数字贸易自由化程度也在不断提升。

（3）数字贸易规则广度

图2-22为2001~2022年区域贸易协定中电子商务条款里的文章数和单词数。从变化趋势来看，电子商务条款中的单词数和文章数逐年增加，其增长速度也有所提升，说明全球数字贸易规则广度在不断提升。

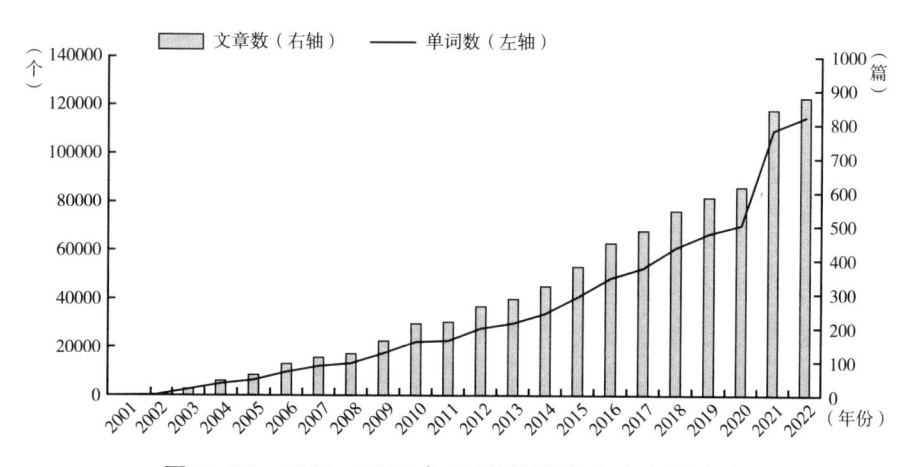

图2-22　2001~2022年区域贸易协定中电子商务条款的文章数和单词数

（二）经济体层面数字贸易自由化

1. 单边

（1）发达经济体

①条款深度。图2-23为2021年发达经济体数字贸易条款深度指标。如图2-23所示，从各条款深度来看，除去加拿大的知识产权条款深度在几种条款深度中最小外，大部分发达经济体的数据保护与网络安全条款和知识产权条款深度相对最大，其次是数据自由

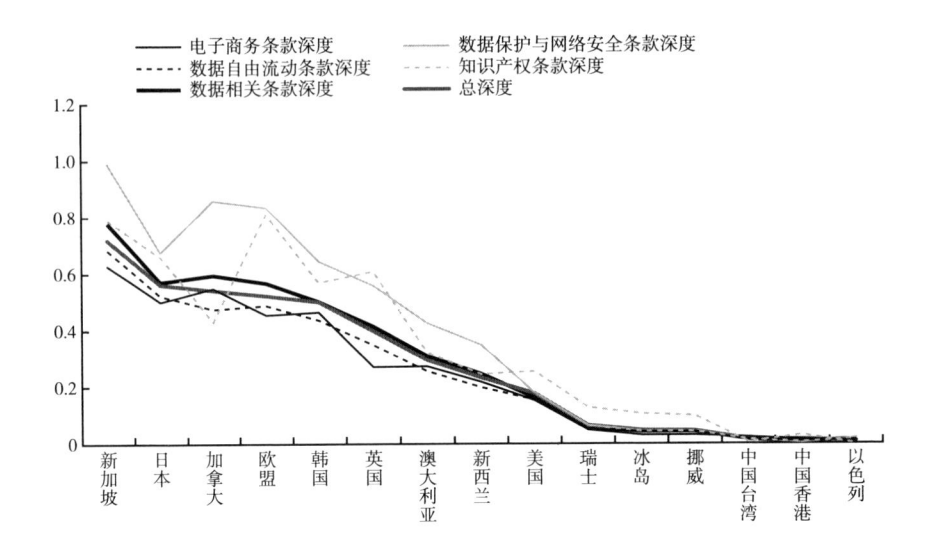

图 2-23　2021 年发达经济体数字贸易条款深度

流动条款和电子商务条款,这貌似与我们一般认为的发达经济体数字贸易自由化程度较大存在出入,事实上,发达经济体的数字贸易自由化也是在其数据保护、知识产权保护与网络安全的基础上,促进数据自由流动与数字贸易便利化、自由化发展。从具体经济体来看,2021 年总条款深度最大的经济体是新加坡,约为 0.72,之后依次是日本、加拿大、欧盟、韩国、英国、澳大利亚、新西兰和美国,数字贸易自由化水平均相对较高;瑞士、冰岛、挪威以及中国台湾、中国香港和以色列这些经济体的总条款深度相对较小,数字贸易自由化水平相对较低。值得注意的是,就知识产权条款深度来说,欧盟最大,其次是新加坡、日本、英国、韩国和加拿大等。其他条款深度的经济体排序与总条款深度基本一致。总体来说,发达经济体总条款的平均深度水平约为 0.4,要远高于发展中经济体。

②条款覆盖率。如图 2-24 所示,2021 年总条款覆盖率最大的

经济体仍是新加坡,其次是日本、韩国、欧盟、加拿大、英国、澳大利亚、新西兰和美国,瑞士、冰岛和挪威以及中国台湾、中国香港和以色列这些经济体的总条款覆盖率仍然较低。

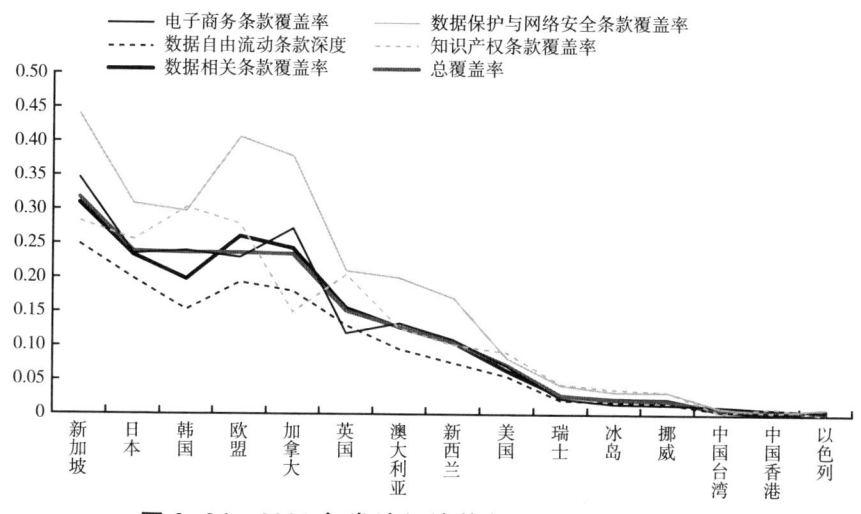

图 2-24　2021 年发达经济体数字贸易条款覆盖率

③条款广度。图 2-25 表示 2021 年发达经济体数字贸易条款广度指标（用单词数/1000，文章数/10 来衡量）。从图中可以看出 2021 年数字贸易条款中涉及电子商务单词数最大的经济体是英国、欧盟，其次是新加坡、日本、新西兰、澳大利亚、加拿大、韩国和美国。而文章数最大的经济体是新加坡，然后是欧盟、英国、日本、加拿大等，与单词数略有不同。

（2）发展中经济体

①条款深度。如图 2-26 所示为 2021 年发展中经济体数字贸易条款深度指标。大部分发展中经济体数据保护与网络安全条款的深度最大，然后依次是数据自由流动条款、知识产权条款和电子商务条款。总体来看，与发达经济体一样，都是在数据保护与网络安全条款上约

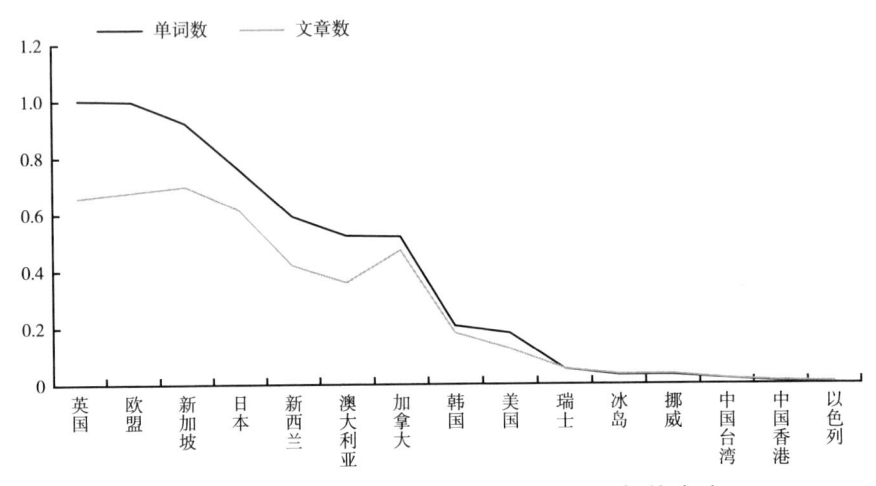

图 2-25　2021 年发达经济体数字贸易条款广度

束较多，但在知识产权保护上，与发达经济体相比，发展中经济体还相对不足。从具体经济体来看，2021 年总条款深度最大的经济体是越南，约为 0.62，其次是拉美国家（哥伦比亚、秘鲁、哥斯达黎加、智利、墨西哥）、东盟国家（菲律宾、泰国、马来西亚、印度尼西亚、文莱、柬埔寨、老挝、缅甸），而金砖国家（中国、南非、印度、俄罗斯、巴西）、阿根廷和其余大部分亚洲国家（沙特阿拉伯、土耳其、哈萨克斯坦、吉尔吉斯斯坦、蒙古国、斯里兰卡、巴基斯坦、孟加拉国、不丹、马尔代夫、尼泊尔）的深度较低。

总体而言，发展中经济体条款总深度超过 0.2 的只有越南和 5 个拉美国家，各发展中经济体的条款深度存在较大差异，同时也与新加坡、欧盟等发达经济体存在不小差距。这可能是因为大部分发展中经济体的数字贸易正处于起步阶段，其国内的数字技术发展还不够完善、知识产权保护与网络安全等配套监管措施尚存在薄弱环节，因此其数字贸易条款深度较低，数字贸易自由化水平较低。

②条款覆盖率。图 2-27 表示 2021 年发展中经济体数字贸易条

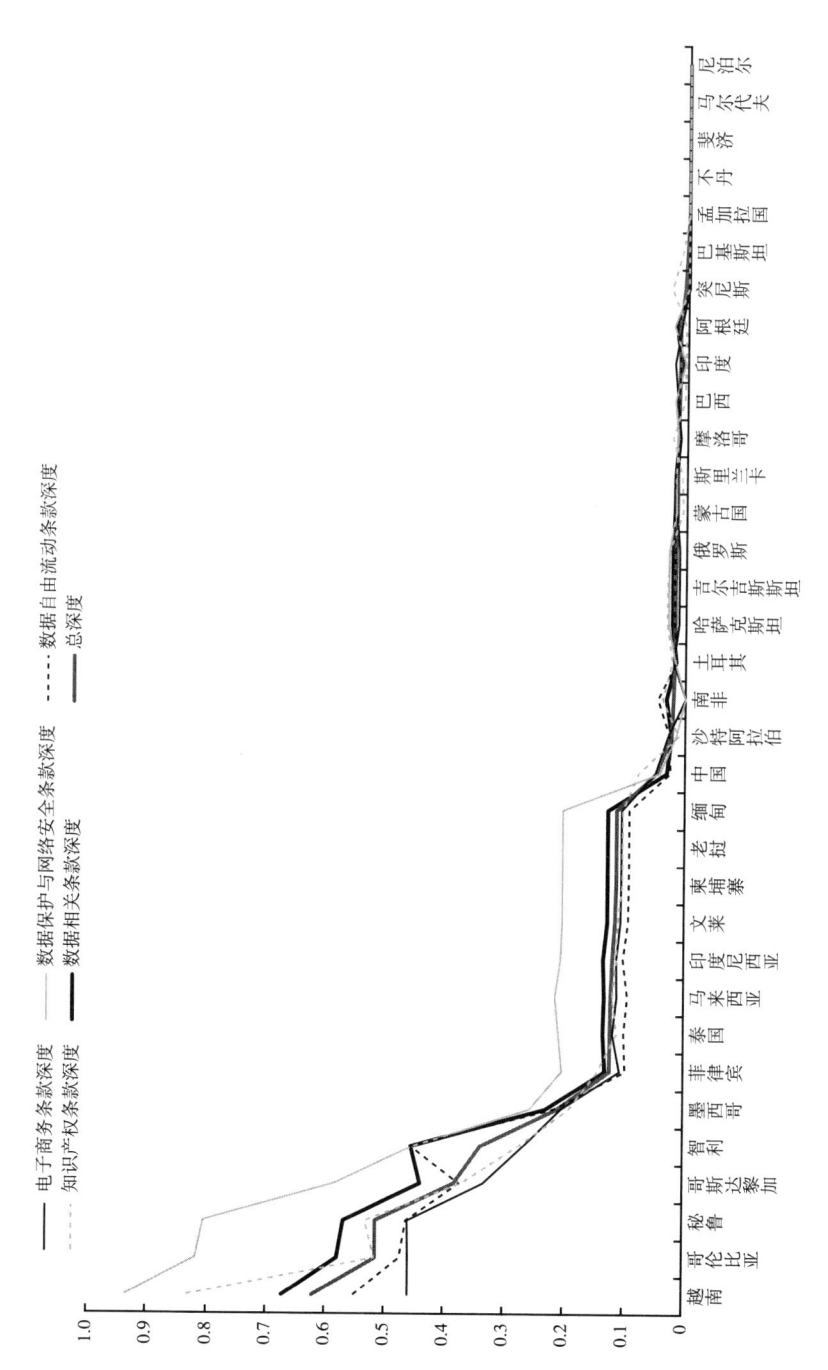

图 2-26 2021 年发展中经济体数字贸易条款深度

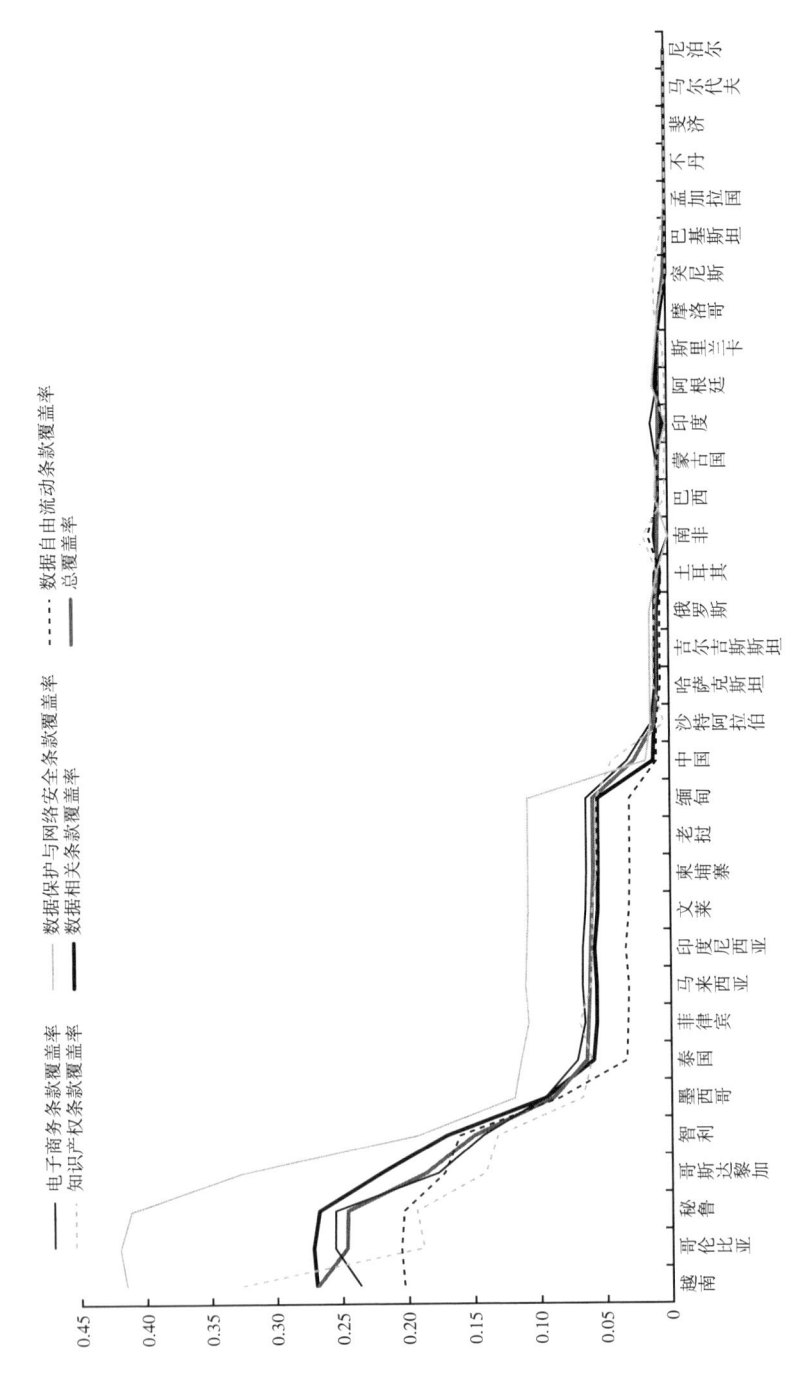

图 2-27 2021 年发展中经济体数字贸易条款覆盖率

款覆盖率指标。与深度指标类似，总条款覆盖率最大的发展中经济体仍然是越南，然后依次是拉美国家和其余东盟国家，金砖国家和其余亚洲国家的条款覆盖率较低。各国数据保护与网络安全条款覆盖率均相对较大，电子商务条款覆盖率居中，数据自由流动条款与知识产权条款覆盖率相对较低，但不同经济体也存在较大差异。

③条款广度。如图2-28所示，2021年发展中经济体数字贸易协定中涉及电子商务单词数和文章数最大的经济体是智利，其次是越南、墨西哥、秘鲁、哥伦比亚、印度尼西亚、哥斯达黎加和其他东盟国家等。

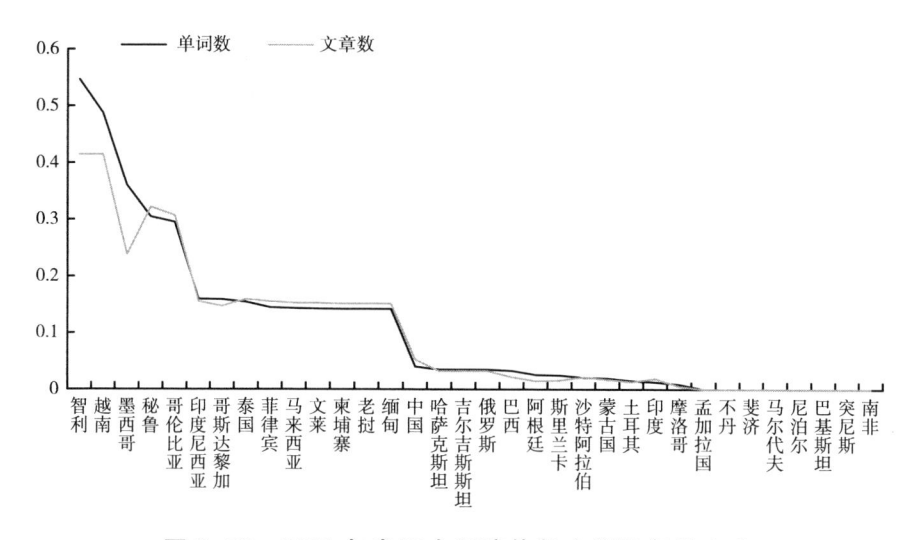

图2-28 2021年发展中经济体数字贸易条款广度

2. 双边

（1）条款总深度排名前10的经济体对

①发达经济体或组织。如表2-8所示，总体来看，条款深度排名前三的首先是美墨加签署的NAFTA协议，为1.822；其次是

澳大利亚和新加坡签署的 SAFTA 协议，为 1.633；以及加拿大、澳大利亚、新西兰、日本、新加坡、越南、韩国等经济体签署的 CPTPP 协议，为 1.556。

具体来看，美国签署协议中条款深度排名前 10 的经济体有加拿大、墨西哥、智利、秘鲁、哥斯达黎加和哥伦比亚等美洲经济体以及韩国、澳大利亚、新加坡等亚洲经济体和摩洛哥；加拿大和亚太国家、欧盟及秘鲁签署协议的条款深度较大；除和 CPTPP 成员国签署条款深度较大外，澳大利亚与美国、秘鲁、韩国和智利间的条款深度也较大，新加坡则和斯里兰卡、土耳其、美国和欧盟签署深度较大的协议，与日本签署条款深度较大协定的经济体还有瑞士、蒙古国、欧盟和英国，新西兰则和东盟、智利、中国台湾和中国香港签署深度较大的条款协议。

值得注意的是，新加坡和这 8 个发达经济体（组织）均签署了深度较大的协议。

表 2-8　发达经济体签署协议中条款总深度排名前 10 的经济体

排序	美国	加拿大	澳大利亚	新加坡	日本	新西兰	韩国	欧盟	英国
1	加拿大 1.822	墨西哥 1.822	新加坡 1.633	澳大利亚 1.633	澳大利亚 1.556	澳大利亚 1.556	哥斯达黎加 1.322	哥伦比亚 1.067	新加坡 1.056
2	墨西哥 1.822	美国 1.822	加拿大 1.556	加拿大 1.556	加拿大 1.556	加拿大 1.556	美国 1.211	秘鲁 1.067	日本 1.022
3	智利 1.278	澳大利亚 1.556	日本 1.556	日本 1.556	墨西哥 1.556	日本 1.556	澳大利亚 1.133	新加坡 1.056	越南 1.022

续表

排序	美国	加拿大	澳大利亚	新加坡	日本	新西兰	韩国	欧盟	英国
4	秘鲁 1.233	日本 1.556	墨西哥 1.556	墨西哥 1.556	新西兰 1.556	墨西哥 1.556	加拿大 1.033	日本 1.033	韩国 0.989
5	哥斯达黎加 1.222	新西兰 1.556	新西兰 1.556	新西兰 1.556	新加坡 1.556	新加坡 1.556	欧盟 0.989	越南 1.022	欧盟 0.911
6	韩国 1.211	新加坡 1.556	越南 1.556	越南 1.556	越南 1.556	越南 1.556	英国 0.989	韩国 0.989	哥斯达黎加 0.767
7	哥伦比亚 1.200	越南 1.556	秘鲁 1.444	斯里兰卡 1.167	瑞士 1.189	东盟* 0.756	秘鲁 0.967	加拿大 0.956	
8	澳大利亚 1.189	韩国 1.033	美国 1.189	土耳其 1.144	蒙古国 1.178	智利 0.689	中国 0.944	英国 0.911	
9	摩洛哥 1.078	欧盟 0.956	韩国 1.133	美国 1.078	欧盟 1.033	中国台湾 0.589	哥伦比亚 0.833	哥斯达黎加 0.767	
10	新加坡 1.078	秘鲁 0.833	智利 1.100	欧盟 1.056	英国 1.022	中国香港 0.511	新加坡 0.744	智利 0.556	

* 表示除新加坡和越南以外的其他东盟经济体。

②发展中经济体或组织。如表2-9所示，总体而言，墨西哥、越南、秘鲁、哥斯达黎加、爱沙尼亚、哥伦比亚、中国等发展中经济体签署协议中双边条款深度排名前10的多是与发达经济体签署的，而其余东盟国家、金砖国家和一些亚洲经济体多半是与澳大利亚和发展中经济体签署的协议深度排名靠前。

表 2-9 发展中经济体签署协议中条款总深度排名前 10 的经济体

排序	墨西哥	越南	秘鲁	哥斯达黎加	智利	爱沙尼亚	哥伦比亚	印度尼西亚	巴西
1	加拿大 1.822	澳大利亚 1.556	澳大利亚 1.444	韩国 1.322	美国 1.278	欧盟 1.122	美国 1.200	澳大利亚 1.044	智利 0.989
2	美国 1.822	加拿大 1.556	美国 1.233	美国 1.222	澳大利亚 1.100	哥伦比亚 1.067	智利 1.089	新西兰 0.756	阿根廷 0.033
3	澳大利亚 1.556	日本 1.556	智利 1.089	哥伦比亚 0.967	哥伦比亚 1.089	秘鲁 1.067	墨西哥 1.089	东盟 0.756	哥伦比亚 0.033
4	日本 1.556	墨西哥 1.556	哥伦比亚 1.089	墨西哥 0.911	墨西哥 1.089	新加坡 1.056	秘鲁 1.089	日本 0.144	
5	新西兰 1.556	新西兰 1.556	墨西哥 1.089	欧盟 0.767	秘鲁 1.089	日本 1.033	欧盟 1.067	中国 0.056	
6	新加坡 1.556	新加坡 1.556	欧盟 1.067	英国 0.767	巴西 0.989	越南 1.022	哥斯达黎加 0.967	印度 0.022	
7	越南 1.556	欧盟 1.022	韩国 0.967	新加坡 0.667	阿根廷 0.889	韩国 0.989	韩国 0.833		
8	智利 1.089	英国 1.022	加拿大 0.833	欧洲自由贸易联盟 0.467	新西兰 0.689	加拿大 0.956	加拿大 0.800		
9	哥伦比亚 1.089	文莱 0.756	新加坡 0.400	加拿大 0.200	新加坡 0.689	英国 0.911	以色列 0.678		

续表

排序	墨西哥	越南	秘鲁	哥斯达黎加	智利	爱沙尼亚	哥伦比亚	印度尼西亚	巴西
10	秘鲁 1.089	印度尼西亚 0.756	欧洲自由贸易联盟 0.256	秘鲁 0.100	欧盟 0.556	哥斯达黎加 0.767	欧洲自由贸易联盟 0.500		

排序	中国	阿根廷	菲律宾	泰国	马来西亚	印度	俄罗斯	哈萨克斯坦	南非
1	韩国 0.944	智利 0.889	澳大利亚 0.756	东盟 0.756	澳大利亚 1.100	新加坡 0.722	哈萨克斯坦 0.444	吉尔吉斯斯坦 0.444	欧盟 0.056
2	澳大利亚 0.889	巴西 0.033	新西兰 0.756	澳大利亚 0.756	东盟 0.756	日本 0.033	吉尔吉斯斯坦 0.444	俄罗斯 0.444	
3	智利 0.444	哥伦比亚 0.033	东盟 0.756	新西兰 0.756	新西兰 0.756	韩国 0.033	越南 0.389	越南 0.389	
4	瑞士 0.211		瑞士 0.211	智利 0.456	日本 0.133	东盟 0.022		巴基斯坦 0.033	
5	中国香港 0.178		冰岛 0.211	日本 0.267	土耳其 0.078			土耳其 0.033	
6	冰岛 0.122		挪威 0.211	中国 0.056	中国 0.056				
7	新西兰 0.056		日本 0.144	印度 0.022	巴基斯坦 0.056				
8	秘鲁 0.056		中国 0.056		印度 0.022				
9	东盟 0.056		印度 0.022						

墨西哥签署协议中条款深度最大的是和美国、加拿大签署的NAFTA，其次是和日本、澳大利亚、新西兰、新加坡和越南签署的CPTPP以及和智利、哥伦比亚、秘鲁签署的PAAP。就中国而言，其和韩国、澳大利亚签署的数字贸易协定条款深度最大，然后是和智利、瑞士、中国香港、冰岛、新西兰、秘鲁与东盟国家签署的条款深度较大。

（2）条款总覆盖率前10经济体对

①发达经济体或组织。如表2-10所示，美加墨数字贸易条款覆盖率最大，达到0.77以上，澳大利亚和新加坡达到0.70，澳大利亚和秘鲁达到0.64；CPTPP成员国之间如加拿大、日本、墨西哥、新西兰、越南达到0.62，韩国与哥斯达黎加达到0.60，欧盟和哥伦比亚达到0.51，英国和日本、新加坡超过0.45。

表2-10 发达经济体签署协议中条款总覆盖率排名前10的经济体

排序	美国	加拿大	澳大利亚	新加坡	日本	新西兰	韩国	欧盟	英国
1	加拿大 0.778	墨西哥 0.778	新加坡 0.700	澳大利亚 0.700	澳大利亚 0.622	澳大利亚 0.622	哥斯达黎加 0.600	哥伦比亚 0.511	日本 0.478
2	墨西哥 0.778	美国 0.778	秘鲁 0.644	加拿大 0.622	加拿大 0.622	加拿大 0.622	加拿大 0.522	秘鲁 0.511	新加坡 0.467
3	哥斯达黎加 0.544	澳大利亚 0.622	加拿大 0.622	日本 0.622	墨西哥 0.622	日本 0.622	美国 0.489	韩国 0.478	越南 0.422
4	智利 0.522	日本 0.622	日本 0.622	墨西哥 0.622	新西兰 0.622	墨西哥 0.622	欧盟 0.478	新加坡 0.467	韩国 0.422

续表

排序	美国	加拿大	澳大利亚	新加坡	日本	新西兰	韩国	欧盟	英国
5	秘鲁 0.489	新西兰 0.622	墨西哥 0.622	新西兰 0.622	新加坡 0.622	新加坡 0.622	秘鲁 0.478	日本 0.444	哥斯达黎加 0.378
6	韩国 0.489	新加坡 0.622	新西兰 0.622	越南 0.622	越南 0.622	越南 0.622	澳大利亚 0.444	越南 0.422	欧盟 0.333
7	哥伦比亚 0.478	越南 0.622	越南 0.622	土耳其 0.500	瑞士 0.522	东盟* 0.389	英国 0.422	加拿大 0.411	
8	澳大利亚 0.456	韩国 0.522	印度尼西亚 0.478	斯里兰卡 0.489	蒙古国 0.522	智利 0.311	中国 0.400	哥斯达黎加 0.378	
9	摩洛哥 0.411	哥伦比亚 0.467	美国 0.456	欧盟 0.467	英国 0.478	中国香港 0.311	哥伦比亚 0.400	英国 0.333	
10	新加坡 0.411	秘鲁 0.444	韩国 0.444	英国 0.467	欧盟 0.444	中国台湾 0.300	越南 0.367	智利 0.233	

* 表示除新加坡和越南以外的其他东盟经济体。

②发展中经济体或组织。如表 2-11 所示，除了墨西哥和美国、加拿大因美墨加协定超过 0.77，秘鲁和澳大利亚超过 0.64，再就是越南与澳大利亚等 CPTPP 成员国达到 0.62 以上，哥斯达黎加和韩国达到 0.60，智利与美国、哥伦比亚、墨西哥、秘鲁、巴西超过 0.50，爱沙尼亚和欧盟、哥伦比亚、秘鲁都超过 0.50。

表 2-11 发展中经济体签署协议中条款总覆盖率排名前 10 的经济体

排序	墨西哥	秘鲁	越南	哥斯达黎加	智利	哥伦比亚	爱沙尼亚	巴西	印度尼西亚
1	加拿大 0.778	澳大利亚 0.644	澳大利亚 0.622	韩国 0.600	美国 0.522	智利 0.522	欧盟 0.511	智利 0.522	澳大利亚 0.478
2	美国 0.778	智利 0.522	加拿大 0.622	美国 0.544	哥伦比亚 0.522	墨西哥 0.522	哥伦比亚 0.511	阿根廷 0.011	新西兰 0.389
3	澳大利亚 0.622	哥伦比亚 0.522	日本 0.622	哥伦比亚 0.500	墨西哥 0.522	秘鲁 0.522	秘鲁 0.511	哥伦比亚 0.011	东盟 0.389
4	日本 0.622	墨西哥 0.522	墨西哥 0.622	墨西哥 0.422	秘鲁 0.522	欧盟 0.511	韩国 0.478		日本 0.056
5	新西兰 0.622	欧盟 0.511	新西兰 0.622	欧盟 0.378	巴西 0.522	哥斯达黎加 0.500	新加坡 0.467		中国 0.056
6	新加坡 0.622	美国 0.489	新加坡 0.622	英国 0.378	阿根廷 0.467	美国 0.478	日本 0.444		印度 0.022
7	越南 0.622	韩国 0.478	欧盟 0.422	新加坡 0.289	澳大利亚 0.444	加拿大 0.467	越南 0.422		
8	智利 0.522	加拿大 0.444	英国 0.422	欧洲自由贸易联盟 0.211	新西兰 0.311	韩国 0.400	加拿大 0.411		
9	哥伦比亚 0.522	新加坡 0.200	文莱 0.389	加拿大 0.178	新加坡 0.311	以色列 0.311	哥斯达黎加 0.378		

续表

排序	墨西哥	秘鲁	越南	哥斯达黎加	智利	哥伦比亚	爱沙尼亚	巴西	印度尼西亚
10	秘鲁 0.522	瑞士 0.144	印度尼西亚 0.389	秘鲁 0.033	泰国 0.267	瑞士 0.233	英国 0.333		

排序	阿根廷	马来西亚	中国	菲律宾	泰国	印度	俄罗斯	哈萨克斯坦	南非
1	智利 0.467	澳大利亚 0.444	澳大利亚 0.411	澳大利亚 0.389	澳大利亚 0.389	新加坡 0.278	哈萨克斯坦 0.256	吉尔吉斯斯坦 0.256	欧盟 0.022
2	巴西 0.011	新西兰 0.389	韩国 0.400	新西兰 0.389	新西兰 0.389	东盟 0.022	吉尔吉斯斯坦 0.256	俄罗斯 0.256	
3	哥伦比亚 0.011	东盟 0.389	智利 0.267	东盟 0.389	东盟 0.389	日本 0.011	越南 0.256	越南 0.256	
4		土耳其 0.078	冰岛 0.111	瑞士 0.078	智利 0.267	韩国 0.011		巴基斯坦 0.011	
5		中国 0.056	中国香港 0.089	冰岛 0.078	日本 0.133			土耳其 0.011	
6		日本 0.044	瑞士 0.078	挪威 0.078	中国 0.056				
7		巴基斯坦 0.033	东盟 0.056	日本 0.056	印度 0.022				

续表

排序	阿根廷	马来西亚	中国	菲律宾	泰国	印度	俄罗斯	哈萨克斯坦	南非
8		印度 0.022	哥斯达黎加 0.033	中国 0.056					
9			新西兰 0.033	印度 0.022					
10			秘鲁 0.033						

（3）各经济体条款广度（单词数）对应前10的经济体排序

①发达经济体或组织。如表2-12所示，发达经济体签署协议中条款广度（单词数）排名前10的经济体中，条款广度排名前三的协议分别是新加坡、智利和新西兰签署的DEPA，为10.887，其次是澳大利亚和新加坡签署的ASDEA，为10.277，美墨加签署的NAFTA，为3.206，澳大利亚和加拿大、日本、墨西哥、新西兰等国签订的CPTPP协定，条款广度达到2.706。其中前两个均为数字经济协议，其覆盖广度远远超过其他区域贸易协定。

表2-12 发达经济体签署协议中条款广度（单词数）排名前10的经济体

排序	美国	加拿大	澳大利亚	新加坡	日本	新西兰	韩国	欧盟	英国
1	加拿大 3.206	墨西哥 3.206	新加坡 10.277	新西兰 10.887	英国 3.067	新加坡 10.887	美国 1.298	英国 2.590	日本 3.067
2	墨西哥 3.206	美国 3.206	加拿大 2.706	智利 10.887	澳大利亚 2.706	智利 10.887	哥斯达黎加 0.893	日本 1.230	欧盟 2.590

续表

排序	美国	加拿大	澳大利亚	新加坡	日本	新西兰	韩国	欧盟	英国
3	韩国 1.298	澳大利亚 2.706	日本 2.706	澳大利亚 10.277	加拿大 2.706	澳大利亚 2.706	越南 0.884	加拿大 0.529	新加坡 0.378
4	澳大利亚 0.989	日本 2.706	墨西哥 2.706	加拿大 2.706	墨西哥 2.706	加拿大 2.706	加拿大 0.828	哥伦比亚 0.398	越南 0.311
5	智利 0.879	新西兰 2.706	新西兰 2.706	日本 2.706	新西兰 2.706	日本 2.706	澳大利亚 0.758	秘鲁 0.398	韩国 0.271
6	秘鲁 0.848	新加坡 2.706	越南 2.706	墨西哥 2.706	新加坡 2.706	墨西哥 2.706	中国 0.747	新加坡 0.378	哥斯达黎加 0.162
7	哥伦比亚 0.848	越南 2.706	印度尼西亚 2.276	越南 2.706	越南 2.706	越南 2.706	秘鲁 0.744	越南 0.311	
8	哥斯达黎加 0.739	哥斯达黎加 1.648	秘鲁 2.263	斯里兰卡 1.826	瑞士 1.605	东盟* 0.951	哥伦比亚 0.633	韩国 0.285	
9	摩洛哥 0.659	哥伦比亚 0.938	智利 1.073	土耳其 1.001	蒙古国 1.457	中国香港 0.566	新加坡 0.511	智利 0.183	
10	新加坡 0.655	秘鲁 0.919	美国 0.989	东盟* 0.951	欧盟 1.230	中国台湾 0.400	欧盟 0.285	哥斯达黎加 0.162	

* 表示除新加坡和越南以外的其他东盟经济体。

②发展中经济体或组织。如表2-13所示,发展中经济体签署协议中条款广度(单词数)排名前10的经济体,主要为智利和新西兰、新加坡,达到10.887,墨西哥与加拿大和美国为3.206,越

南与澳大利亚、加拿大、日本、墨西哥、新西兰、新加坡为 2.706，爱沙尼亚和欧盟、英国为 2.590。

表 2-13 发展中经济体签署协议中条款广度（单词数）排名前 10 的经济体

排序	墨西哥	秘鲁	越南	哥斯达黎加	智利	哥伦比亚	爱沙尼亚	巴西	印度尼西亚
1	加拿大 3.206	澳大利亚 2.263	澳大利亚 2.706	加拿大 1.648	新西兰 10.887	智利 1.951	欧盟 2.590	智利 2.421	澳大利亚 2.276
2	美国 3.206	智利 1.951	加拿大 2.706	哥伦比亚 1.055	新加坡 10.887	墨西哥 1.951	英国 2.590		新西兰 0.951
3	澳大利亚 2.706	哥伦比亚 1.951	日本 2.706	韩国 0.893	巴西 2.421	秘鲁 1.951	日本 1.230		东盟 0.951
4	日本 2.706	墨西哥 1.951	墨西哥 2.706	墨西哥 0.846	哥伦比亚 1.951	哥斯达黎加 1.055	加拿大 0.529		印度 0.031
5	新西兰 2.706	加拿大 0.919	新西兰 2.706	新加坡 0.740	墨西哥 1.951	加拿大 0.938	哥伦比亚 0.398		中国 0.017
6	新加坡 2.706	美国 0.848	新加坡 2.706	美国 0.739	秘鲁 1.951	美国 0.848	秘鲁 0.398		
7	越南 2.706	韩国 0.744	东盟* 0.951	瑞士 0.429	阿根廷 1.903	韩国 0.633	新加坡 0.378		
8	智利 1.951	欧盟 0.398	韩国 0.884	冰岛 0.429	澳大利亚 1.073	以色列 0.490	越南 0.311		

续表

排序	墨西哥	秘鲁	越南	哥斯达黎加	智利	哥伦比亚	爱沙尼亚	巴西	印度尼西亚
9	哥伦比亚 1.951	瑞士 0.302	哈萨克斯坦 0.864	挪威 0.429	中国 1.016	瑞士 0.416	韩国 0.285		
10	秘鲁 1.951	冰岛 0.302	吉尔吉斯斯坦 0.864	欧盟 0.162	美国 0.879	冰岛 0.416	智利 0.183		

排序	阿根廷	马来西亚	中国	菲律宾	泰国	印度	俄罗斯	哈萨克斯坦	
1	智利 1.903	澳大利亚 0.951	智利 1.016	澳大利亚 0.951	澳大利亚 0.951	新加坡 0.668	哈萨克斯坦 0.864	吉尔吉斯斯坦 0.864	
2		新西兰 0.951	澳大利亚 0.982	新西兰 0.951	新西兰 0.951	文莱 0.031	吉尔吉斯斯坦 0.864	俄罗斯 0.864	
3		东盟 0.951	韩国 0.747	东盟 0.951	东盟 0.951	印度尼西亚 0.031	越南 0.864	越南 0.864	
4		土耳其 0.106	中国香港 0.058	日本 0.222	智利 0.513	柬埔寨 0.031			
5		印度 0.031	东盟 0.017	印度 0.031	日本 0.397	老挝 0.031			
6		中国 0.017		中国 0.017	印度 0.031	缅甸 0.031			
7					中国 0.017	马来西亚 0.031			

续表

排序	阿根廷	马来西亚	中国	菲律宾	泰国	印度	俄罗斯	哈萨克斯坦
8						菲律宾 0.031		
9						泰国 0.031		
10						越南 0.031		

*表示除新加坡和越南以外的其他东盟经济体。

（4）各经济体条款广度（文章数）对应前10的经济体排序

①发达经济体或组织。如表2-14所示，发达经济体签署协议中条款广度（文章数）排名前10的经济体，与单词数一致，条款广度（文章数）排名前三的协议分别是新加坡、智利和新西兰签署的DEPA，为6.500，其次是澳大利亚和新加坡签署的DEA，为3.900，美墨加签署的NAFTA，为1.900。其中前两个均为数字经济协议，其覆盖广度远远超过其他区域贸易协定。

表2-14 发达经济体签署协议中条款广度（文章数）排名前10的经济体

排序	美国	加拿大	澳大利亚	新加坡	日本	新西兰	韩国	欧盟	英国
1	加拿大 1.900	墨西哥 1.900	新加坡 3.900	新西兰 6.500	澳大利亚 1.800	新加坡 6.500	哥斯达黎加 1.000	英国 1.700	欧盟 1.700
2	墨西哥 1.900	美国 1.900	加拿大 1.800	智利 6.500	加拿大 1.800	智利 6.500	澳大利亚 1.000	日本 1.100	日本 1.600

续表

排序	美国	加拿大	澳大利亚	新加坡	日本	新西兰	韩国	欧盟	英国
3	韩国 0.900	澳大利亚 1.800	日本 1.800	澳大利亚 3.900	墨西哥 1.800	澳大利亚 1.800	秘鲁 1.000	加拿大 0.700	新加坡 0.500
4	澳大利亚 0.800	日本 1.800	墨西哥 1.800	加拿大 1.800	新西兰 1.800	加拿大 1.800	美国 0.900	哥伦比亚 0.500	越南 0.300
5	秘鲁 0.800	新西兰 1.800	新西兰 1.800	日本 1.800	新加坡 1.800	日本 1.800	越南 0.900	秘鲁 0.500	韩国 0.200
6	哥伦比亚 0.800	新加坡 1.800	越南 1.800	墨西哥 1.800	越南 1.800	墨西哥 1.800	加拿大 0.900	新加坡 0.500	哥斯达黎加 0.200
7	智利 0.700	越南 1.800	秘鲁 1.600	越南 1.800	英国 1.600	越南 1.800	中国 0.900	越南 0.300	
8	哥斯达黎加 0.600	秘鲁 1.500	印度尼西亚 1.300	斯里兰卡 1.200	瑞士 1.400	东盟* 1.000	哥伦比亚 0.800	智利 0.300	
9	摩洛哥 0.400	韩国 0.900	智利 1.000	东盟* 1.000	蒙古国 1.300	中国 0.500	新加坡 0.400	韩国 0.200	
10	新加坡 0.400	哥伦比亚 0.800	中国 1.000	土耳其 0.900	欧盟 1.100	中国台湾 0.600	欧盟 0.200	哥斯达黎加 0.200	

* 表示除新加坡和越南以外的其他东盟经济体。

②发展中经济体或组织。如表 2-15 所示,发展中经济体签署协议中条款广度(文章数)排名前 10 的经济体,主要为智利和新西兰、新加坡签署的 DEPA,达到 6.500,墨西哥与加拿大和美国

签署的 NAFTA 为 1.900，越南与澳大利亚、加拿大、日本、墨西哥、新西兰、新加坡为 1.800，爱沙尼亚与欧盟和英国为 1.700。

表 2-15 发展中经济体签署协议中条款广度（文章数）排名前 10 的经济体

排序	墨西哥	秘鲁	越南	哥斯达黎加	智利	哥伦比亚	爱沙尼亚	巴西	印度尼西亚
1	加拿大 1.900	澳大利亚 1.600	澳大利亚 1.800	韩国 1.000	新西兰 6.500	智利 1.400	欧盟 1.700	智利 1.600	澳大利亚 1.300
2	美国 1.900	加拿大 1.500	加拿大 1.800	哥伦比亚 0.900	新加坡 6.500	墨西哥 1.400	英国 1.700		新西兰 1.000
3	澳大利亚 1.800	智利 1.400	日本 1.800	墨西哥 0.600	巴西 1.600	秘鲁 1.400	日本 1.100		东盟 1.000
4	日本 1.800	哥伦比亚 1.400	墨西哥 1.800	新加坡 0.600	哥伦比亚 1.400	哥斯达黎加 0.900	加拿大 0.700		印度 0.100
5	新西兰 1.800	墨西哥 1.400	新西兰 1.800	美国 0.600	墨西哥 1.400	加拿大 0.800	哥伦比亚 0.500		中国 0.100
6	新加坡 1.800	韩国 1.000	新加坡 1.800	瑞士 0.500	秘鲁 1.400	美国 0.800	秘鲁 0.500		
7	越南 1.800	美国 0.800	东盟* 1.000	冰岛 0.500	阿根廷 1.100	韩国 0.800	新加坡 0.500		
8	智利 1.400	欧盟 0.500	韩国 0.900	挪威 0.500	澳大利亚 1.000	以色列 0.500	越南 0.300		
9	哥伦比亚 1.400	瑞士 0.300	哈萨克斯坦 0.800	欧盟 0.200	中国 0.800	欧盟 0.500	智利 0.300		

续表

排序	墨西哥	秘鲁	越南	哥斯达黎加	智利	哥伦比亚	爱沙尼亚	巴西	印度尼西亚
10	秘鲁 1.400	冰岛 0.300	吉尔吉斯斯坦 0.800	英国 0.200	美国 0.700	瑞士 0.400	韩国 0.200		

排序	阿根廷	马来西亚	中国	菲律宾	泰国	印度	俄罗斯	哈萨克斯坦	
1	智利 1.100	澳大利亚 1.000	澳大利亚 1.000	澳大利亚 1.000	澳大利亚 1.000	新加坡 0.500	哈萨克斯坦 0.800	吉尔吉斯斯坦 0.800	
2		新西兰 1.000	韩国 0.900	新西兰 1.000	新西兰 1.000	文莱 0.100	吉尔吉斯斯坦 0.800	俄罗斯 0.800	
3		东盟 1.000	智利 0.800	东盟 1.000	东盟 1.000	印度尼西亚 0.100	越南 0.800	越南 0.800	
4		土耳其 0.100	中国香港 0.200	日本 0.300	日本 0.500	柬埔寨 0.100			
5		印度 0.100	东盟 0.100	印度 0.100	智利 0.100	老挝 0.100			
6		中国 0.100		中国 0.100	印度 0.100	缅甸 0.100			
7					中国 0.100	马来西亚 0.100			
8						菲律宾 0.100			
9						泰国 0.100			
10						越南 0.100			

* 表示除新加坡和越南以外的其他东盟经济体。

综上所述，得出以下结论。

一是用数字服务贸易限制指数对数字服务贸易自由化进行衡量。从各经济体数字服务贸易限制总指数来看，金砖国家、拉美国家数字服务贸易限制指数较高，而欧美等发达经济体数字服务贸易限制指数较低。各经济体对基础设施联通领域的限制较大，对于知识产权和支付系统等领域的限制性障碍相对较小。从2014~2020年各经济体数字服务贸易限制总指数的变化趋势来看，50个经济体中有28个经济体数值没有发生变化，15个经济体限制指数上升，7个经济体的限制指数下降。整体来看，各经济体数字贸易的监管环境呈现日益收紧的趋势，且发展中经济体的收紧程度要大于发达经济体。此外，基础设施联通与其他限制指数在五类分政策领域指数中变化趋势最为明显，5个经济体下降，13个经济体上升，总体呈现上升趋势；其他限制方面1个经济体下降，7个经济体上升；支付系统障碍1个经济体下降，2个经济体上升；电子交易障碍4个经济体下降，1个经济体上升；知识产权指数各经济体没有变化。从各分项服务贸易限制指数来看，全球层面专业服务贸易限制指数最高，其次依次为个人文娱服务、金融保险服务和ICT服务，总体上ICT服务、专业服务和个人文娱服务贸易限制指数呈上升趋势，金融保险服务贸易限制指数呈波动下降趋势，开放程度不断提高。其中，金融保险服务有17个经济体上升，26个经济体下降；ICT服务20个经济体上升，20个经济体下降；专业服务23个经济体上升，16个经济体下降；个人文娱服务27个，经济体上升，18个经济体下降。另外，发展中经济体的金融保险服务、ICT服务、个人文娱服务限制指数高于发达经济体。

二是用数字服务贸易份额对数字服务贸易自由化进行衡量。全球层面，2005~2020年全球数字服务进出口量及份额都实现了稳定增长，数字服务贸易自由化程度不断提升。经济体方面，在38个发达经济体和31个发展中经济体中，分别有37个发达经济体和27个发展中经济体的数字服务出口份额不断上升，36个发达经济体和27个发展中经济体的数字服务进口份额上升，36个发达经济体和27个发展中经济体的数字服务贸易份额上升，数字服务贸易自由化程度越来越高。从对中、日、美、德四个重点经济体的分析来看，虽然中国近年来数字服务贸易份额实现了大幅增长，但美国、德国等老牌发达经济体数字服务进出口量及总份额依旧高于中国。从增速来看，日本的数字服务进口份额及数字服务贸易份额增速最快，中国的数字服务出口份额增速较快，美国、德国数字服务贸易份额增速不断放缓。

三是用数字服务贸易条款深度与广度指标衡量。RTA 中的数字贸易条款分值总体上呈现快速上升的态势，并且近年来增长速度有所加快，其中电子商务条款分值较大，其次是知识产权条款和数据自由流动条款，数据保护与网络安全条款分值最小，而且这四种条款分值也在不断上升。RTA 中的数字贸易条款数也呈逐年上升态势，其中电子商务条款数最多，增长也最快，数据自由流动条款数虽少于知识产权条款数，但近年来增速较快，说明不同经济体对促进跨境数据自由流动的重视程度与数字服务贸易自由化水平的不断提升。电子商务条款中的单词数和文章数逐年增加，其增长速度也有所提升，说明全球数字贸易规则广度在不断提升。总体来说，发达经济体总条款的平均深度水平、条款覆盖率和条款广度体现的数字服务贸易自由化水平要远高于发展中经济体，但不同经济体也存在较大差异。

第三章　制造业出口国内增加值率的现状分析

本章在对出口国内增加值率的测度方法以及资料来源进行说明的基础上，对全球及各经济体制造业总体及各分行业出口国内增加值率的发展现状进行分析。

第一节　出口国内增加值率的测度方法与资料来源

一　出口国内增加值率的组成部分

1. WWZ（2018）框架

运用 WWZ（2018）增加值贸易分解框架（见图 3-1），选用 ADB-MRIO 数据库数据测算每个经济体制造业总体及分行业 2000 年、2007~2019 年的出口国内增加值率。

其中出口的国内增加值（DVA）包括前两部分——被国外吸收的国内增加值（VAX_G）和出口后返回并被本国吸收的国内增加值（RDV），并细分为出口的最终商品和服务即传统贸易的出口

第三章 制造业出口国内增加值率的现状分析

```
                          总出口（EX）
                         （商品与服务）
        ┌──────────┬──────────┬──────────┐
 被国外吸收的国内   出口后返回并被    国外增加值（FVA）  纯重复计算项
 增加值（VAX_G）   本国吸收的国内    （6）+（7）       （PDC）（5）+
 （1）+（2）+（3） 增加值（RDV）                       （8）
                     （4）
   ┌────┬────┐                  ┌────┬────┬────┬────┐
出口的最终  被进口国加  被直接进口国  来自国内  最终出口  中间品出口  来自国外
商品和服   工后直接吸   生产向第三国  账户的纯  中的进口  中的第三   账户的纯
务（DVA_   收的中间品   出口并吸收的  重复计算  国增加值   （其他）国  重复计算
FIN）（1）  出口（DVA_  中间品出口   （DDC）   （FVA_FIN）  增加值    （FDC）
           INT）      （DVA_INTrex）  （5）    （6）      （FVA_INT） （8）
           （2）       （3）                              （7）
      └──────┬──────┘                  └────────┬────────┘
         国内增加值（DVA）                    垂直专业化（VS）
```

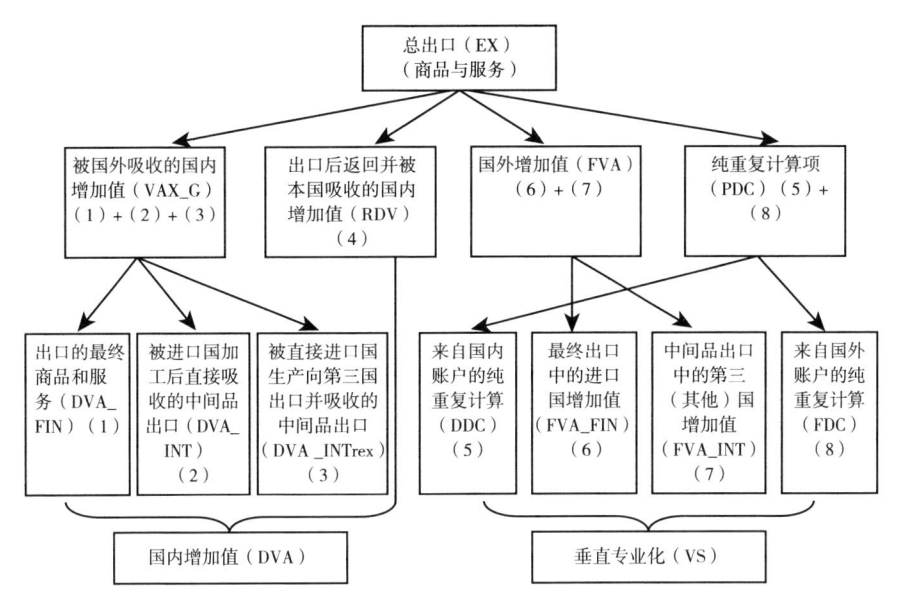

图3-1 总贸易核算框架（WWZ，2018）

资料来源：Z. Wang, S. Wei, and K. Zhu., Quantifying International Production Sharing at the Bilateral and Sector Levels. NBER Working Papers No. 19677. 2018.

国内增加值（DVA_FIN）、被进口国加工后直接吸收的中间品出口即简单价值链出口国内增加值（DVA_INT）、被直接进口国生产向第三国出口并吸收的中间品出口即间接出口国内增加值（DVA_INTrex），VAX_G与RDV两项合并称为复杂价值链出口国内增加值。

根据表3-1中WWZ出口分解的各项增加值，确定出口国内增加值率的计算公式：传统出口国内增加值率（DVAR_FIN）= DVA_FIN/EX；简单价值链出口国内增加值率（DVAR_INT）= DVA_INT/EX；复杂价值链出口国内增加值率（DVAR_INTrex）=（DVA_INTrex+RDV）/EX；总出口国内增加值率（DVAR）= DVAR_FIN+DVAR_INT+DVAR_INTrex。

表 3-1 双边出口贸易分解

序号	类型	类别	公式项	解释说明
1	传统贸易	DVA_FIN	$(V^s B^{ss})^T \# Y^{sr}$	s 出口到 r 的最终产品中的国内增加值部分
2	简单价值链	DVA_INT	$(V^s L^{ss})^T \#(A^{sr} B^{ss} Y^{rr})$	s 出口到 r 的中间品中的国内增加值部分,该中间品直接被 r 生产国内最终需求产品并且在 r 消费
3	复杂价值链	DVA_INTrex	$(V^s L^{ss})^T \#(A^{sr} \sum_{t \neq s,r}^{G} B^{rt} Y^{tt})$	s 出口到 r 的中间品中的国内增加值部分,该中间品被 r 出口至第三方 t,并被 t 生产 t 国内最终需求产品且在 t 消费
4	复杂价值链	DVA_INTrex	$(V^s L^{ss})^T \#(A^{sr} B^{rr} \sum_{t \neq s,r}^{G} Y^{rt})$	s 出口到 r 的中间品中的国内增加值部分,该中间品继续由 r 生产最终产品再出口至第三方 t
5	复杂价值链	DVA_INTrex	$(V^s L^{ss})^T \# (A^{sr} \sum_{t \neq s,r}^{G} \sum_{u \neq s,r}^{G} B^{rt} Y^{tu})$	s 出口到 r 的中间品中的国内增加值部分,该中间品继续由 r 生产中间品再出口至第三方 t(或 u)
6	复杂价值链	RDV	$(V^s L^{ss})^T \#(A^{sr} B^{rr} Y^{rs})$	s 出口到 r 的中间品中的国内增加值部分,该中间品由 r 生产最终产品并出口返回 s 且在 s 消费
7	复杂价值链	RDV	$(V^s L^{ss})^T \#(A^{sr} \sum_{t \neq s,r}^{G} B^{rt} Y^{ts})$	s 出口到 r 的中间品中的国内增加值部分,该中间品由第三方 t 加工成最终产品后返回 s 且在 s 消费
8	复杂价值链	RDV	$(V^s L^{ss})^T \#(A^{sr} B^{rr} Y^{ss})$	s 出口到 r 的中间品中的国内增加值部分,该中间品再由 r 以中间产品的形式返回 s,由 s 生产最终产品且在 s 消费

说明:s、r、t、u 分别代表国家。

资料来源:WWZ,2018;张中元,2019.

2. Borin Mancini 框架

Borin Mancini（2019）与 WWZ（2018）分解框架对国内与国外增加值重复计算部分统计稍有差异，其具体分为按出口部门增加值来源后向分解和按原产增加值去向前向分解，均分解为10项。分别为 DAVAX1：传统贸易国内增加值；DAVAX2：简单价值链贸易国内增加值；REX1-3：复杂价值链贸易间接增加值部分；REF1-2 复杂价值链贸易返回国内部分；FVA：外国增加值；PDC1：国内增加值重复统计部分；PDC2：外国增加值重复统计部分。

二 不同技术密集型行业集聚

除了计算各制造业出口国内增加值率外，进一步把细分的14个制造业部门，集聚为低、中、高技术三类，具体如表3-2所示。

表 3-2 ADB-MRIO 数据库所使用的制造业一级部门分类

代码	制造业部门	制造业级别
C3	食品,饮料和烟草	低技术
C4	纺织品及纺织产品	低技术
C5	皮革,皮革制品和鞋类	低技术
C6	木材,木材及软木制品	低技术
C7	纸浆、纸张、印刷和出版	低技术
C8	焦炭,精炼石油和核燃料	中技术
C9	化学品及化工产品	中技术
C10	橡胶和塑料	低技术
C11	其他非金属矿物	中技术
C12	基本金属和加工金属	中技术
C13	机械、电气	高技术
C14	电气和光学设备	高技术
C15	运输设备	高技术
C16	制造、回收	低技术

资料来源：ADB-MRIO 数据库。

第二节 全球及各经济体制造业出口国内增加值率现状

一 全球总体层面出口国内增加值率变化

（一）制造业总体总出口国内增加值率

首先，如图 3-2 所示，综合 62 个经济体的所有制造业 DVAR 数据得出 2000 年、2007~2019 年全球制造业出口国内增加值率的变化趋势。由总出口国内增加值率（折线）变化趋势可以看出，全球金融危机之前，全球制造业 DVAR 出现下滑趋势，这可能是由于国际生产分割程度的不断加深，出口中外国增加值占比不断提升，全球化进程加速导致。金融危机后，2009 年全球制造业 DVAR 出现短暂上升，之后 2010~2011 年连续两年出现下跌，跌破之前 2008 年的最低数值，说明全球价值链在金融危机后仍然在不断向纵深拓展，出口当中的外国增加值占比仍在提升。2011~2016 年，全球制造业 DVAR 持续攀升，一方面可能是全球化进程减速，随着全球价值链的收缩，出口中外国增加值减少；另一方面也可能是由于主要经济体随着数字服务化程度的不断加深，其在全球价值链中的位置不断攀升，导致出口国内增加值率提升。2017~2018 年，全球 DVAR 再度表现出下滑趋势，而且 2018 年达到 2000 年以来的最低点 63.22%，可能是受到全球贸易保护主义不断抬头的冲击，影响到全球价值链的整体跃升，出口国内增加值率出现短暂下滑，2019 年又呈现回升趋势。但总体来看 2007~2019 年全球制造业 DVAR 呈在波动中不断下滑的趋势。其中，最高值为 2009 年的 68.80%，最低值为 2018 年的 63.22%。

(二) 制造业总体分项出口国内增加值率变化

从制造业出口国内增加值率的不同分项来看，由图 3-2 所示，DVAR_FIN 在全球制造业 DVAR 中占最大比例，其次是 DVAR_INT，最后是 DVAR_INTrex。

2008 年前全球制造业 DVAR 下降的原因主要是 DVAR_FIN 的下降，DVAR_INT 反呈上升趋势，DVAR_INTrex 发展平稳，这可能是因为金融危机前，全球化进程的发展与国际合作的不断加深，传统最终产品出口中包含的外国增加值比例不断提升。受全球金融危机冲击影响，2009 年全球传统最终产品出口国内增加值率出现短暂回升，可能是由于短期内国际合作的减少，传统最终产品生产中国内增加值含量提高。

2011~2016 年，DVAR 稳中有升，DVAR_INT 与 DVAR_INTrex 的贡献较大，这可能是因为，全球金融危机过后，全球智能制造技术得以快速发展，全球价值链经历深刻调整，特别是随着全球价值链数字化改造的不断加速，制造业出口技术复杂度不断提升。

2016~2018 年，DVAR 呈下降趋势，虽然全球 DVAR_INTrex 占比呈现不断上升趋势，但 DVAR_FIN 与 DVAR_INT 下降趋势明显。DVAR_INTrex 在总体 DVAR 下降的同时实现了提升。一种原因可能是在贸易保护主义影响下，传统贸易与简单价值链出口全球合作继续深化，出口中外国增加值仍在提高，出口国内增加值率下滑，而复杂价值链受贸易保护主义影响严重，原来的国际生产分割不断收缩，跨国公司把更多的工序环节转回国内，导致 DVAR_

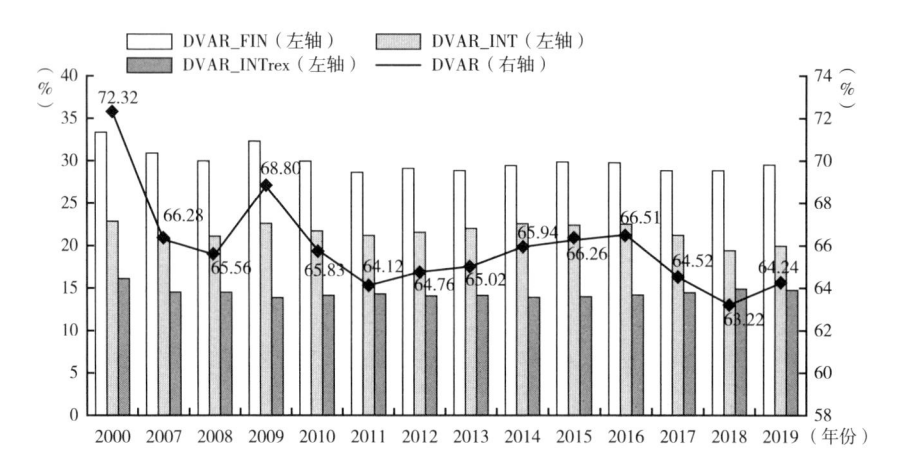

图 3-2　2000 年、2007~2019 年全球制造业总出口国内
增加值率变化趋势

资料来源：根据 ADB-MRIO 数据库整理。

INTrex 的提升。另一种原因则是全球价值链存在较大韧性，与传统贸易和简单价值链相比，复杂价值链受贸易保护主义影响短期内更难快速调整，而随着各经济体价值链数字服务化水平的不断提升，DVAR_INTrex 也在不断提升。具体是什么原因，有待实证检验。

（三）不同要素密集型制造业出口国内增加值率

如表 3-3 所示，选取制造业总体及各要素密集型分行业 2000 年、2007 年、2014 年、2019 年四年的出口国内增加值率数据进行比较。

首先，从制造业总体层面来看，DVAR_FIN 最高，DVAR_INT 与 DVAR_INTrex 相对较小。2000~2019 年 DVAR 呈现下降趋势，其中 DVAR_FIN、DVAR_INT 总体下降趋势明显，DVAR_INTrex 占比总体则逐渐上升。说明近年来，随着全球制造业技术水平与生产率的不断提升，DVAR_INTrex 得以大幅提升。

其次,低技术制造业的出口国内增加值率占比从高到低依次为 DVAR_FIN、DVAR_INT、DVAR_INTrex,DVAR_FIN、DVAR_INT 不断下降,DVAR_INTrex 不断提升。然后,中等技术制造业 DVAR 占比从高到低依次为 DVAR_INT、DVAR_INTrex、DVAR_FIN,且三项增加值率都呈现不同程度下降趋势。最后,高技术制造业 DVAR_FIN 最大,而 DVAR_INT 与 DVAR_INTrex 不相上下,且 DVAR_FIN 降低幅度最大,DVAR_INT 小幅降低,DVAR_INTrex 小幅提升。

表 3-3 全球制造业及分行业出口国内增加值率变化

单位:%

2000 年	DVAR_FIN	DVAR_INT	DVAR_INTrex	DVAR
总体	33.35	22.86	16.11	72.32
高	39.04	16.51	15.05	70.60
中	12.50	35.84	22.59	70.93
低	42.44	22.46	11.95	76.85
2007 年	DVAR_FIN	DVAR_INT	DVAR_INTrex	DVAR
总体	30.89	20.85	16.51	68.25
高	37.50	14.15	14.60	66.25
中	11.54	30.86	23.01	65.41
低	42.97	20.89	11.85	75.71
2014 年	DVAR_FIN	DVAR_INT	DVAR_INTrex	DVAR
总体	29.45	22.58	15.95	67.98
高	35.55	17.39	14.26	67.20
中	11.11	30.48	21.59	63.19
低	42.37	21.65	11.62	75.65
2019 年	DVAR_FIN	DVAR_INT	DVAR_INTrex	DVAR
总体	29.52	19.96	16.84	66.31
高	34.65	15.16	15.40	65.21
中	12.09	28.02	22.45	62.55
低	41.57	18.55	12.60	72.72

资料来源:根据 ADB-MRIO 数据库整理。

以上说明，各制造业分行业中DVAR_ FIN虽然对DVAR贡献最大，特别是低技术行业仍然在全球制造业生产与贸易中占据重要地位，其DVAR_ FIN相对更高，但近年来各行业DVAR_ INTrex在不断上升，而高技术制造业参与国际产品内分工程度更为细化，其在DVAR_ INTrex提升上的优势远大于低技术制造业。

二 经济体层面出口国内增加值率变化

为了更加清晰地呈现各经济体出口国内增加值率的变化趋势，将2019年各经济体制造业总体及高、中、低技术密集型分行业出口国内增加值率进行降序排序并与2007年数据进行比较分析。

（一）制造业总体

由图3-3可知，2007~2019年，62个经济体中仅有19个经济体DVAR上升，剩余43个经济体的DVAR出现了不同程度的下降。2007~2019年，巴基斯坦排名靠前，其DVAR由90.78%下降至86.85%；美国排名由第5下降至第8，DVAR从83.85%下降至82.23%；日本DVAR由81.83%下降至79.49%，下降幅度较大，排名也由2007年的第8下降到2019年的第11。

2019年位于DVAR前10的经济体为文莱、巴基斯坦、哈萨克斯坦、中国、俄罗斯、老挝、斯里兰卡、美国、印度尼西亚、巴西，除了中国与美国，大多为油气资源与矿产品主要出口经济体。这些经济体中文莱、哈萨克斯坦、中国、印度尼西亚等经济体的DVAR出现上升。2007~2019年，文莱的DVAR从83.33%上升到87.43%；哈萨克斯坦的DVAR从79.99%升至86.30%；印度尼西亚的DVAR由78.30%上升至81.53%；中国的DVAR由74.87%升至85.12%，排名从第15前进至第4，前进幅度较大。

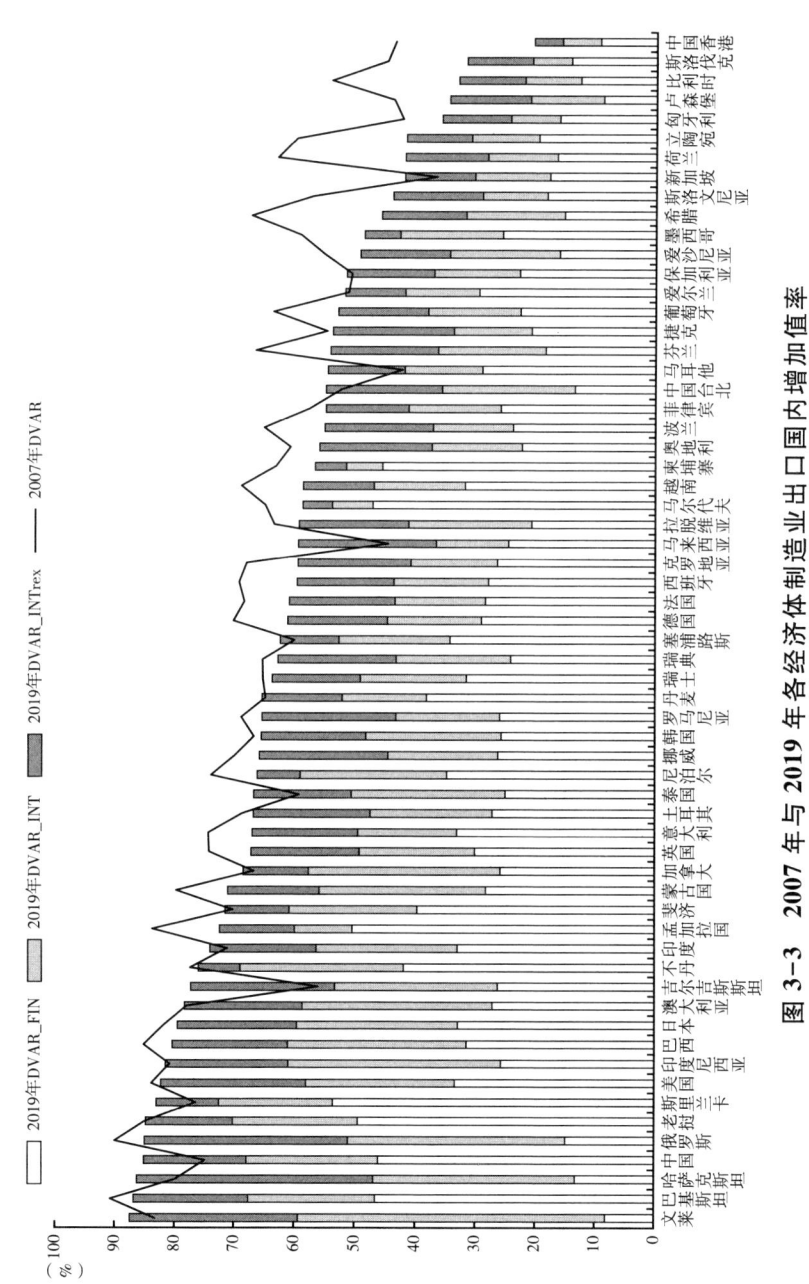

第三章 制造业出口国内增加值率的现状分析

图 3-3 2007 年与 2019 年各经济体制造业出口国内增加值率

资料来源：根据 ADB-MRIO 数据库整理。

另外,从 DVAR 的各分项来看,各经济体普遍 DVAR_FIN 最高,DVAR_INTrex 与 DVAR_INT 较小,且两者差异不大。

(二)高技术制造业

由图 3-4 可知,2019 年高技术制造业 DVAR 排名前 10 的经济体为孟加拉国、日本、中国、美国、希腊、俄罗斯、巴西、印度、澳大利亚与哈萨克斯坦。62 个经济体中仅 20 个经济体的 DVAR 出现上升,其余 42 个经济体的 DVAR 出现了不同程度的下降。2007~2019 年,日本 DVAR 由 84.15% 下降至 82.83%,美国由 83.74% 下降至 81.54%。俄罗斯等国排名虽然在前 20 位以内,但 DVAR 都出现了不同程度的下降。2007~2019 年,孟加拉国、中国的 DVAR 呈现上升态势,孟加拉国由 84.52% 上升至 88.83%,中国由 68.77% 上升至 82.24%,排名由 2007 年的第 20 以后前进到 2019 年的第 3,仅次于孟加拉国与日本。2007 年后特别是金融危机以后,中国经济融入全球价值链程度不断深化,在高技术制造业上的研发与投入越来越多,在许多发达经济体 DVAR 增长疲软时,实现了高技术制造业 DVAR 的不断提升。另外,从 DVAR 的构成上来看,各经济体的 DVAR_FIN 数值最大,孟加拉国 DVAR_FIN 更是超过 80%。

(三)中技术制造业

由图 3-5 知,2019 年中技术制造业 DVAR 排名前 10 的经济体为文莱、哈萨克斯坦、俄罗斯、印度尼西亚、中国、孟加拉国、美国、吉尔吉斯斯坦、老挝、巴西。其中,21 个经济体的中技术制造业 DVAR 上升,41 个经济体下降,总体呈下降趋势。2007~2019 年,俄罗斯 DVAR 由 91.86% 下降至 87.09%;日本 DVAR 由 74.54% 下降至 71.08%;美国 DVAR 由 81.11% 下降至 79.51%。

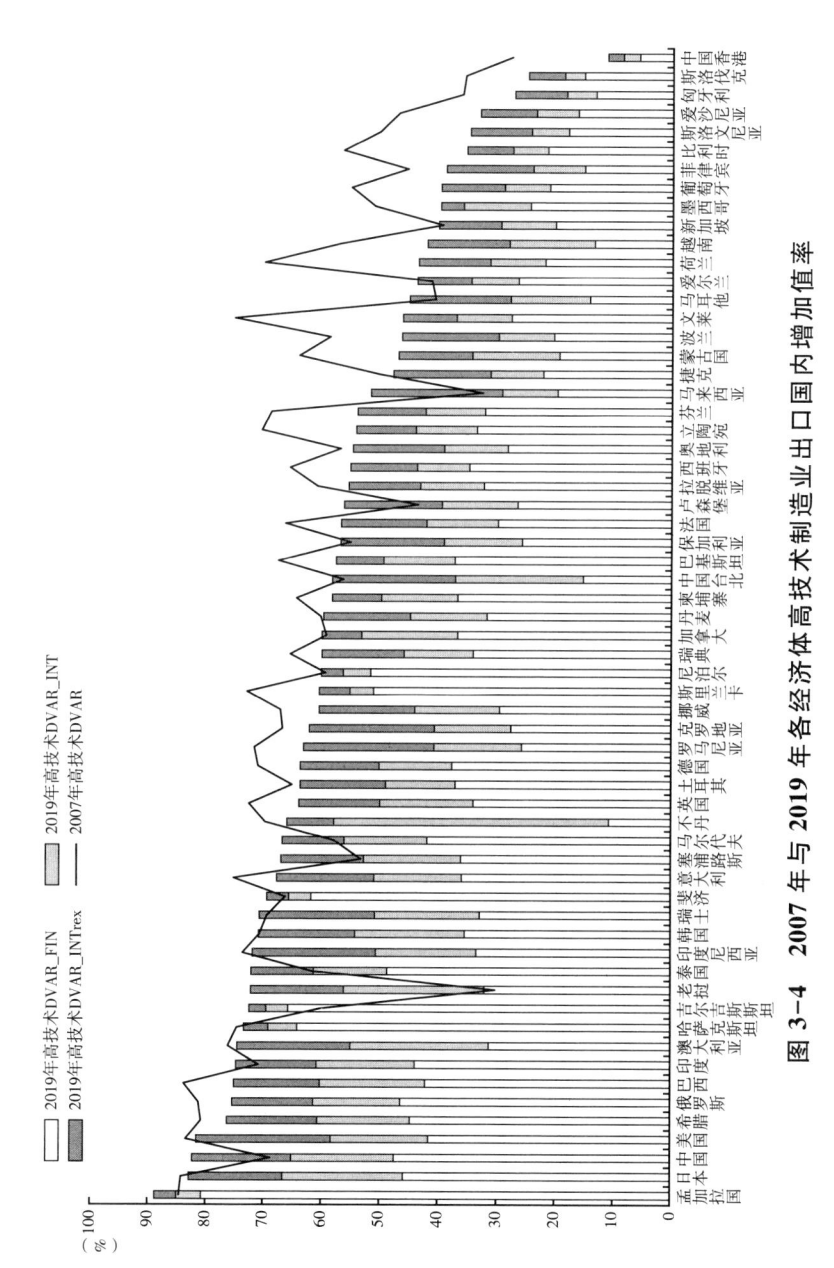

第三章 制造业出口国内增加值率的现状分析

图 3-4 2007 年与 2019 年各经济体高技术制造业出口国内增加值率

资料来源：根据 ADB-MRIO 数据库整理。

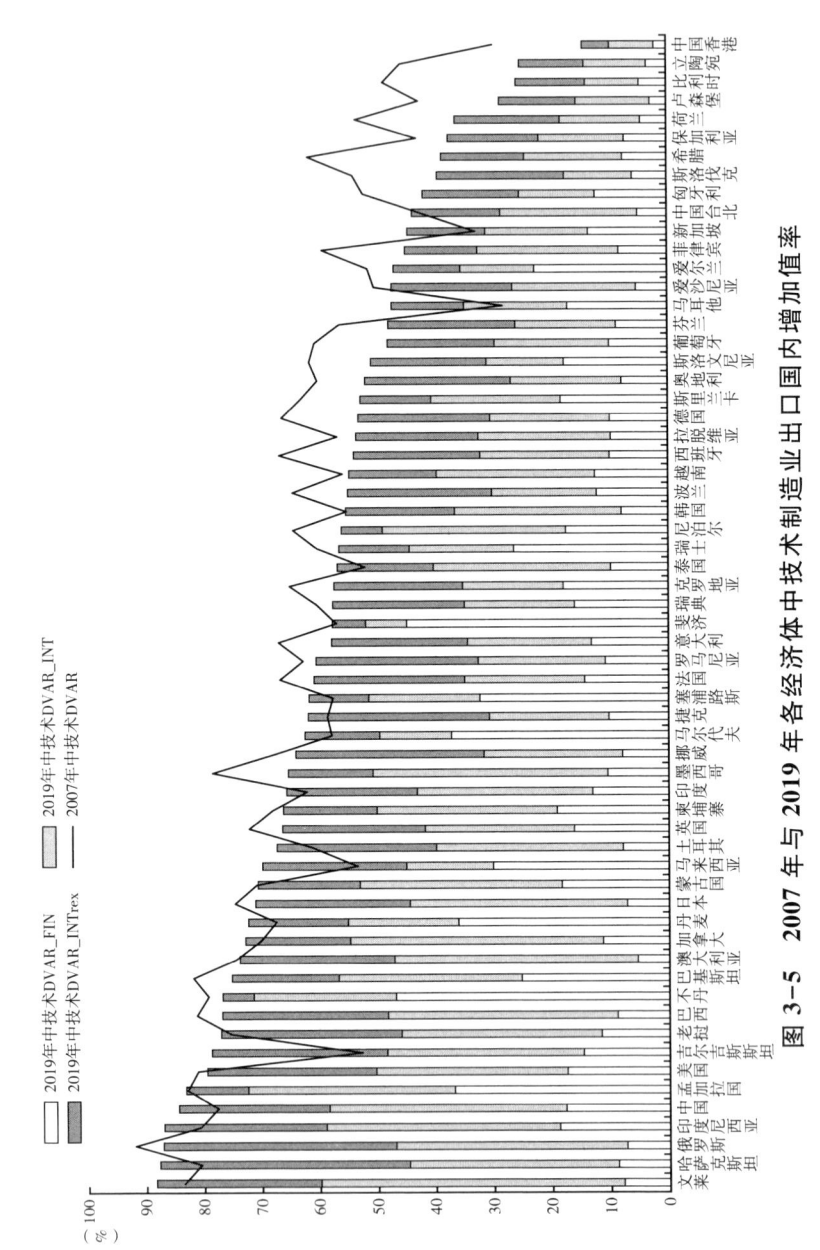

图 3-5 2007 年与 2019 年各经济体中技术制造业出口国内增加值率

资料来源：根据 ADB-MRIO 数据库整理。

文莱、哈萨克斯坦、印度尼西亚、中国、孟加拉国等经济体的DVAR都出现了上升趋势。文莱DVAR由83.55%小幅上升至88.27%；哈萨克斯坦由80.53%上升至87.69%；中国DVAR上升幅度较大，由77.60%上升至84.50%，排名由第11前进至第5。

值得注意的是，与制造业总体以及高技术制造业不同，中技术制造业的DVAR构成中DVAR_INT与DVAR_INTrex数值较大，DVAR_FIN相对较小。这说明各经济体中技术制造业的DVAR提升主要依靠简单价值链贡献。中技术制造业主要包括焦炭、精炼石油和核燃料、化学品及化工产品、其他非金属矿物等流程性产业以及基本金属和加工金属等离散型产业，其参与分工形式主要体现为进口半成品与零部件后经进口国简单加工后就被直接吸收的简单价值链。

（四）低技术制造业

由图3-6可知，2019年低技术制造业DVAR排名前10的经济体为中国、巴基斯坦、美国、澳大利亚、斯里兰卡、日本、老挝、印度、巴西、俄罗斯。与2007年相比，有15个经济体的DVAR上升，其余47个经济体DVAR出现不同程度下降。低技术制造业DVAR出现下降趋势的经济体数量最多，但下降幅度要远小于中、高技术制造业。2007~2019年，美国由88.59%下降至87.54%，老挝由87.16%下降至85.11%，日本由85.47%下降至85.17%。前10位经济体中仅斯里兰卡、印度与中国的DVAR上升，其中印度由83.27%上升至84.61%，斯里兰卡由78.65%上升至85.62%。此外，2019年中国低技术制造业DVAR排名由2007年的第8位上升至全球第1位，DVAR由83.90%上升至91.29%，上升幅度较大，表现出我国在低技术制造业领域具有明显的比较优势。

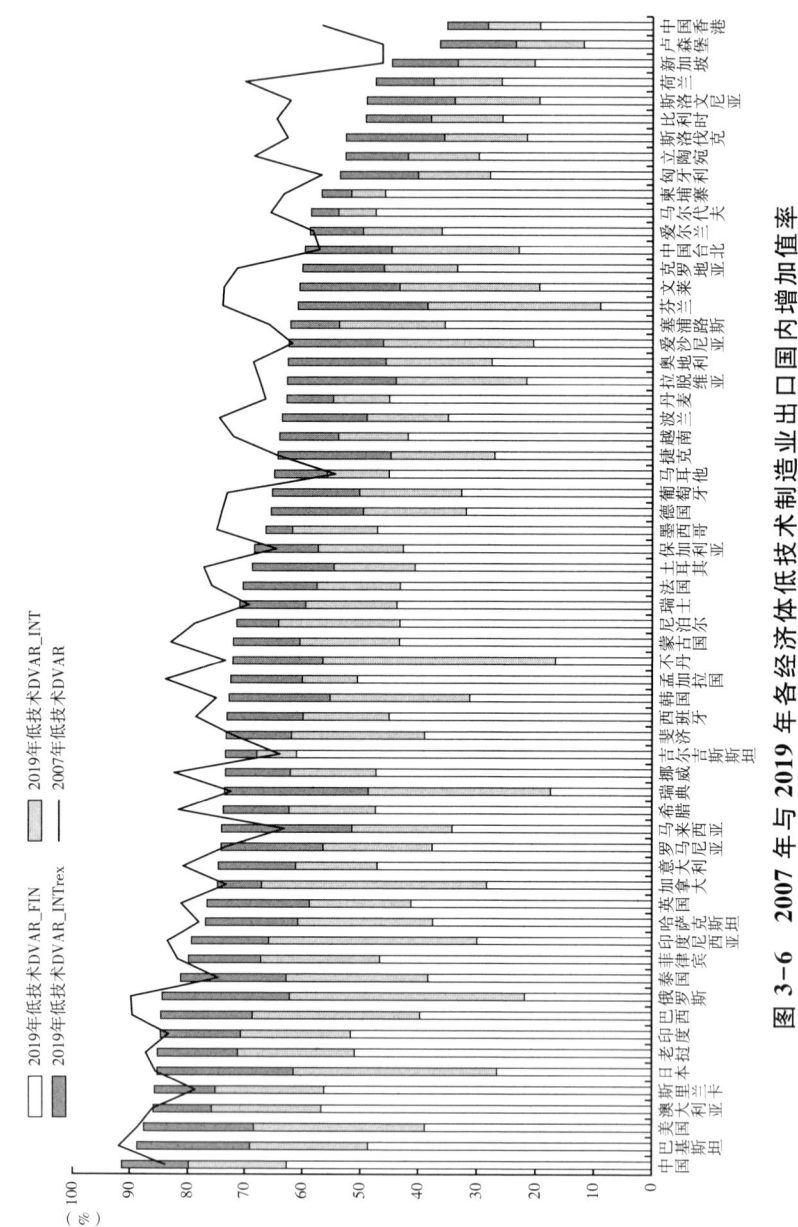

图 3-6 2007 年与 2019 年各经济体低技术制造业出口国内增加值率

资料来源：根据 ADB-MRIO 数据库整理。

三 重点国家不同行业出口国内增加值率变化

通过比较分析中、美、德、日四个国家不同行业出口国内增加值率大小，了解制造业出口国内增加值率与其他行业的差异。

1. 中国出口国内增加值率

（1）按 WWZ 框架分解

第一，传统贸易出口国内增加值率。如图 3-7 所示，从国家层面来看，中国传统贸易出口国内增加值率在 2011 年前呈波动下降趋势，2011~2018 年基本保持平稳，2018 年后又开始上升。在 5 部门中，2011~2018 年，传统贸易出口国内增加值率最高的是低技术制造业，之后依次是个人与公共服务业、中高技术制造业、商业服务业和基础产业。个人与公共服务业呈现先上升后下降的趋势；中高技术制造业在 2013 年前波动下降，2013 年后波动上升；而商业服务业的变化趋势整体较为平缓，基础产业整体呈上升趋势。

第二，简单价值链贸易出口国内增加值率。如图 3-8 所示，从国家层面来看，中国简单价值链贸易出口国内增加值率在 2000~2015 年呈上升趋势，2015~2018 年开始下降，之后有所回升。从 5 部门整体来看，简单价值链贸易出口国内增加值率由高到低依次是商业服务业、基础产业、个人与公共服务业、中高技术制造业和低技术制造业；从变动趋势来看，商业服务业在 2015 年前波动上升，2015~2018 年逐渐下降，之后开始回升；基础产业整体呈下降趋势；个人与公共服务业在 2000~2018 年波动下降，2018 年后呈上升趋势；中高技术制造业在 2018 年前呈先升后降趋势，2018 年后继续上升，与国家层面变动趋势一致；而低技术制造业的变动较为

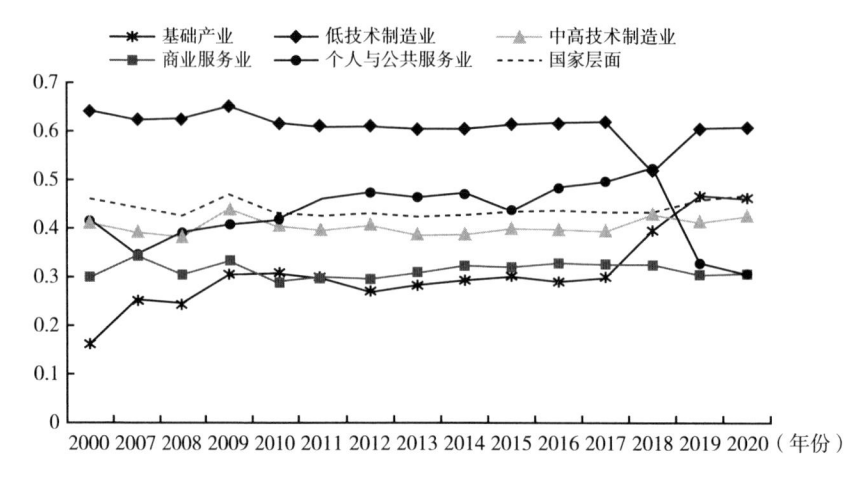

图 3-7 2000 年和 2007~2020 年中国传统贸易出口国内
增加值率（WWZ 框架）

平缓，在 2000~2018 年呈上升趋势，2018 年后有所下降之后继续回升。

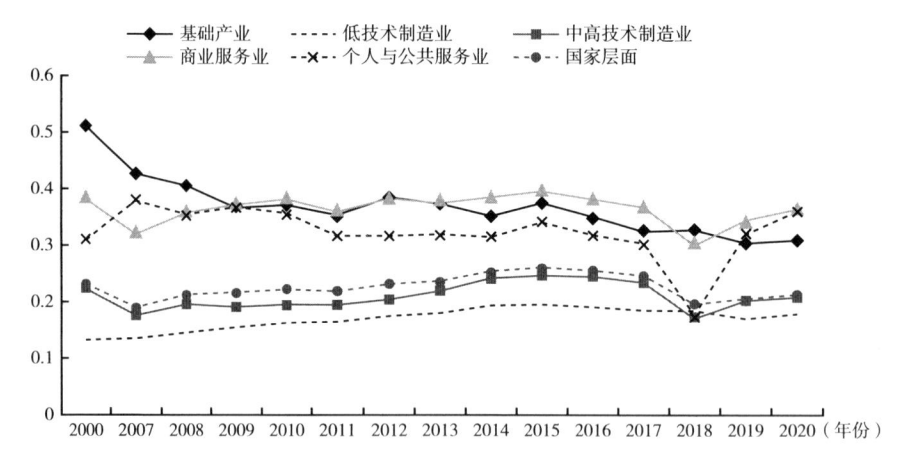

图 3-8 2000 年和 2007~2020 年中国简单价值链贸易出口国内
增加值率（WWZ 框架）

第三，复杂价值链贸易出口国内增加值率。如图 3-9 所示，从国家层面来看，中国复杂价值链贸易出口国内增加值率在 2000~

2018年呈波动上升趋势，2018年后有所下降。从5部门整体来看，复杂价值链贸易出口国内增加值率排名从高到低的部门依次是基础产业、商业服务业、中高技术制造业、个人与公共服务业和低技术制造业。从变动趋势来说，5部门和国家层面总体上均呈先上升后下降的趋势。

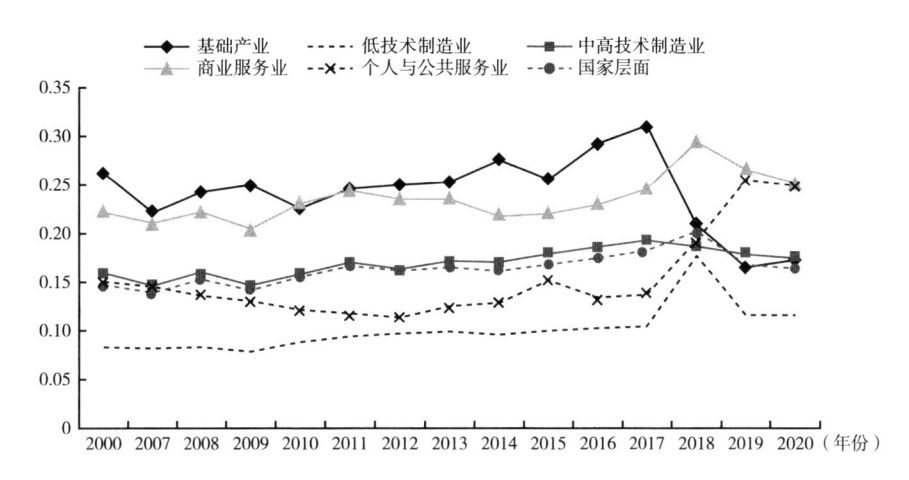

图3-9　2000年和2007~2020年中国复杂价值链贸易出口国内增加值率（WWZ框架）

第四，全球价值链贸易出口国内增加值率。如图3-10所示，国家层面的全球价值链贸易出口国内增加值率呈先升后降的趋势。在5部门中，全球价值链出口国内增加值率最高的部门是基础产业，其次是商业服务业、个人与公共服务业、中高技术制造业和低技术制造业；其中，基础产业整体呈下降趋势，商业服务业在2000~2012年波动上升，之后基本保持平稳；个人与公共服务业在2018年前呈下降趋势，2018年后又呈上升趋势，且上升幅度较大；中高技术制造业在2017年前呈上升趋势，之后有所下降，低技术制造业在2000~2018年呈逐渐上升趋势，2018年后有所下降。

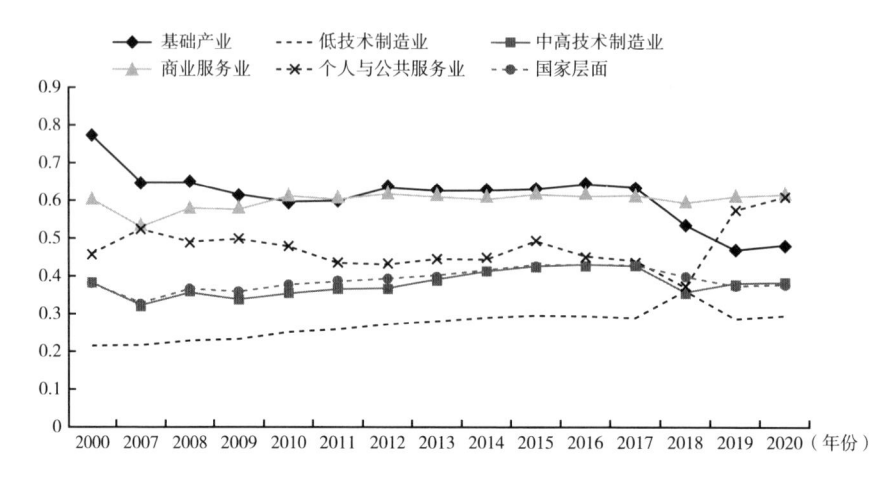

图 3-10　2000 年和 2007~2020 年中国全球价值链贸易出口国内
增加值率（WWZ 框架）

第五，总的出口国内增加值率。如图 3-11 所示，从国家层面来看，中国总出口国内增加值率呈波动上升趋势，且大部分年份均在 0.8 以上。从 5 部门来看，总出口国内增加值率最高的是基础产业，其次是商业服务业和个人与公共服务业，且三者相差不大，位居第四的是低技术制造业，中高技术制造业最低，但 5 部门的出口国内增加值率均保持在 0.7 以上。从变化趋势来看，5 部门的总出口国内增加值率均呈波动上升趋势。

（2）按 BORIN 框架下出口部门分解

第一，传统贸易出口国内增加值率。如图 3-12 所示，中国 5 部门和国家层面出口的最终产品的国内增加值率中，从高到低大体为低技术制造业、个人与公共服务业、国家层面、中高技术制造业、商业服务业和基础产业。且 2010~2018 年低技术制造业和个人与公共服务业的传统贸易国内增加值率高于国家层面。从变动趋势看，低技术制造业总体上较为平缓，2009 年前后呈明显的倒 V

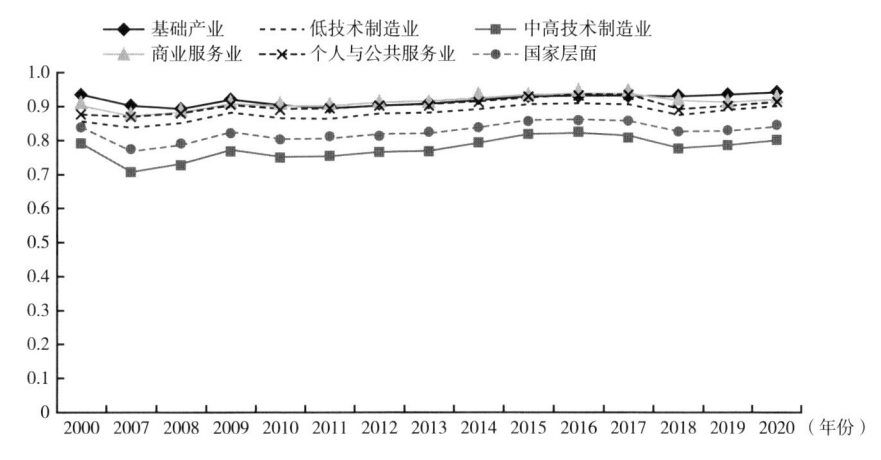

图 3-11　2000 年和 2007~2020 年中国总的出口国内
增加值率（WWZ 框架）

形趋势；个人与公共服务业在 2018 年之前总体上呈上升趋势，在 2018 年之后呈下降趋势，且下降趋势较为明显；国家层面的变动趋势较为平缓，总体上在 0.4~0.5 变动；中高技术制造业、商业服务业的变动趋势也较为平缓；基础产业总体上呈上升趋势，在 2017 年之后上升趋势明显。

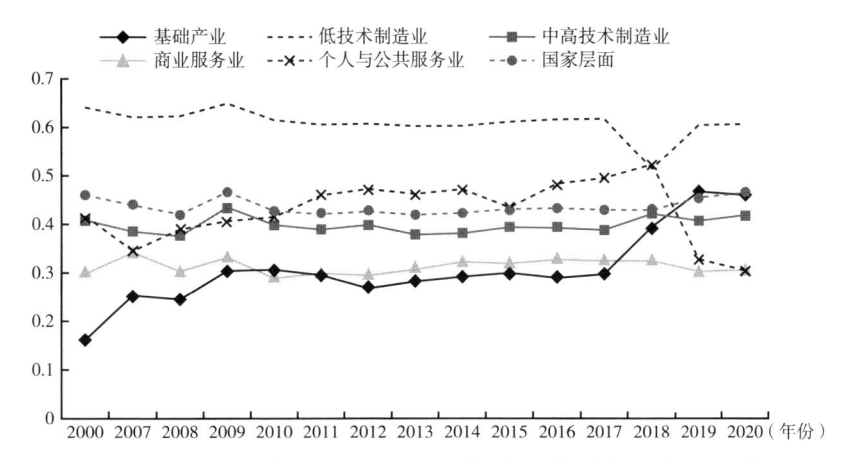

图 3-12　2000 年和 2007~2020 年中国传统贸易出口国内
增加值率（Borin 出口部门）

第二，简单价值链贸易出口国内增加值率。如图3-13所示，在5部门和国家层面，中国简单价值链贸易出口国内增加值率，商业服务业、基础产业、个人与公共服务业、国家层面、中高技术制造业、低技术制造业依次递减。从变动趋势来看，商业服务业的变动较为平缓，大致在0.3~0.4变动，分别在2007年和2018年前后呈明显V形；基础产业的变动总体上呈下降趋势，且下降幅度最大；个人与公共服务业的变动幅度最大，在2017年之后变动趋势呈明显V形，其他年份大体在0.3~0.4变动；国家层面、中高技术制造业、低技术制造业总体上呈先上升后下降的趋势；除基础产业在2018年有所回升外，其他各部门在2018年均呈下降趋势。

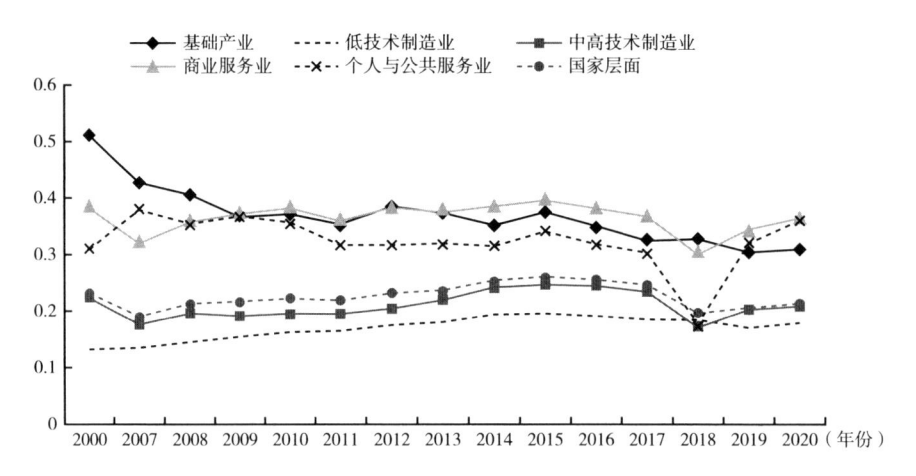

图3-13　2000年和2007~2020年中国简单价值链贸易出口国内增加值率（Borin出口部门）

第三，复杂价值链贸易出口国内增加值率。如图3-14所示，在5部门和国家层面，中国的复杂价值链贸易出口国内增加值率，总体上，基础产业、商业服务业、中高技术制造业、国家层面、个人与公共服务业和低技术制造业依次递减。从变动趋势来说，除个人与公共服务业外 5 部门和国家层面总体上均呈先上升后下降的趋势。

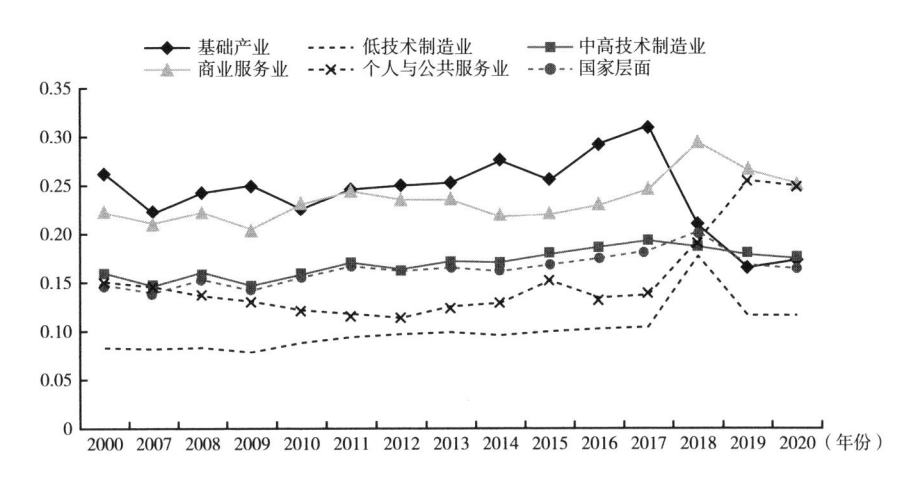

图 3-14　2000 年和 2007～2020 年中国复杂价值链贸易出口国内增加值率（Borin 出口部门）

第四，全球价值链贸易出口国内增加值率。如图 3-15 所示，在 5 部门和国家层面，中国的全球价值链贸易出口国内增加值率，总体上，基础产业、商业服务业、个人与公共服务业、国家层面、中高技术制造业和低技术制造业依次递减，中高技术制造业和低技术制造业全球价值链贸易出口国内增加值率低于国家层面及其他产业。从变动趋势来看，基础产业总体上呈下降趋势；商业服务业总体上变动较为平缓；个人与公共服务业总体上呈先波动下降后上升的趋势；国家层面的变动趋势较为平缓，但仍呈现先上升后下降的趋势；中高技术制造业呈先上升后下降的趋势；低技术制造业在 2017 年之前总体上呈上升趋势，在 2017 年之后呈 N 形变化趋势。

第五，总出口国内增加值率。如图 3-16 所示，在 5 部门和国家层面，中国总出口国内增加值率，均在 0.7 以上。基础产业、商业

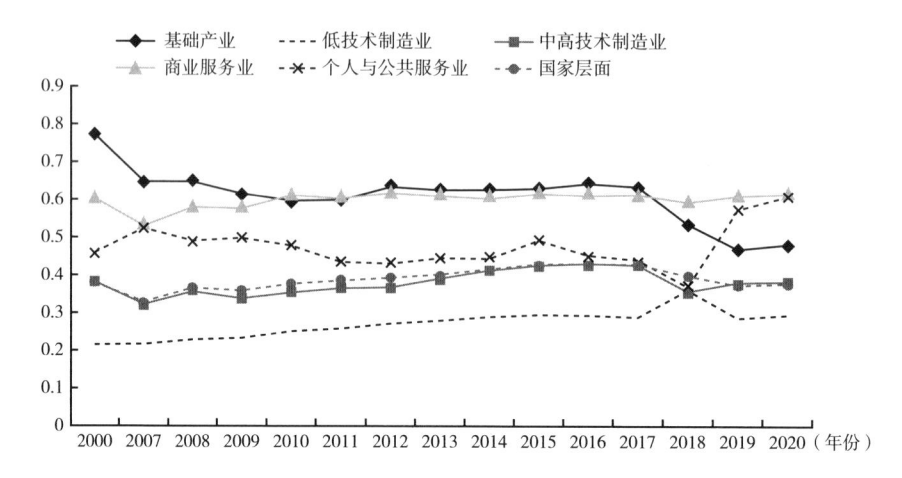

图 3-15　2000 年和 2007~2020 年中国全球价值链贸易出口国内
增加值率（Borin 出口部门）

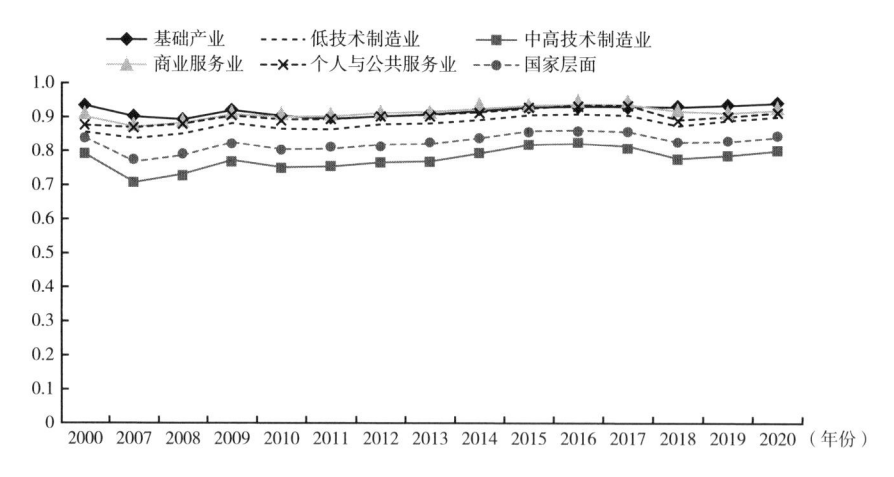

图 3-16　2000 年和 2007~2020 年中国总的出口国内增加值率
（Borin 出口部门）

服务业、个人与公共服务业的总出口国内增加值率较高，在 0.9 左右变动；其次为低技术制造业、中高技术制造业。5 部门和国家层面总出口国内增加值率总体上呈小微上升趋势。

2. 美国出口国内增加值率

(1) 按 WWZ 框架分解

第一,传统贸易出口国内增加值率。如图3-17所示,从国家总体层面来说,美国的传统贸易出口国内增加值率呈下降趋势,但下降幅度极小。从5部门来看,基础产业的传统贸易出口国内增加值率远低于其他部门,并呈波动下降趋势。低技术制造业的传统贸易出口国内增加值率一直高于国家水平,无较大变化。个人与公共服务业的传统贸易出口国内增加值率在2018年增长到最高值,2018年涨幅最大。中高技术制造业的传统贸易出口国内增加值率增幅较小,基本平稳。

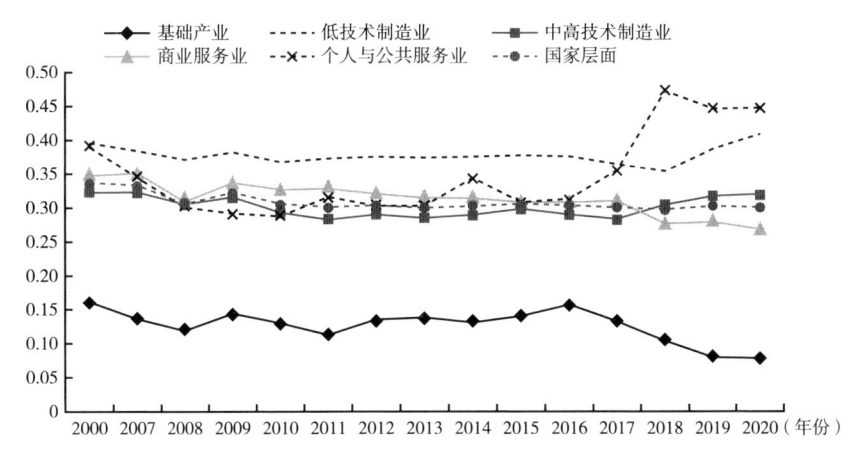

图3-17 2000年和2007~2020年美国传统贸易出口国内增加值率(WWZ框架)

第二,简单价值链贸易出口国内增加值率。如图3-18所示,从国家总体层面来说,美国的简单价值链贸易出口国内增加值率在2007~2018年呈倒U形趋势,但变化幅度很小。从5部门层面来看,5部门的简单价值链贸易出口国内增加值率都无大幅波动。基础产业的简单价值链贸易出口国内增加值率一直最高，中高技术制造业的简单价值链贸易出口国内增加值率一直最低，且这两个部门走势一致。个人与公共服务业的简单价值链贸易出口国内增加值率呈较大幅度波动下降趋势。商业服务业和低技术制造业变化幅度较小。

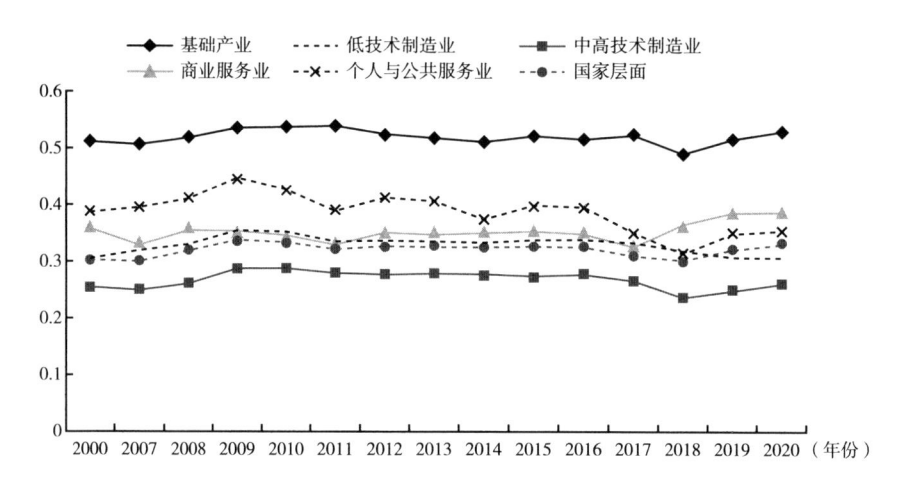

图3-18　2000年和2007~2020年美国简单价值链贸易出口国内增加值率（WWZ框架）

第三，复杂价值链贸易出口国内增加值率。如图3-19所示，从国家总体层面来看，美国的复杂价值链贸易出口国内增加值率呈波动上升趋势，波动幅度较小。从5部门层面来看，基础产业的复杂价值链贸易出口国内增加值率在2018年涨幅较大，2020年和2018年、2019年基本持平。低技术制造业的复杂价值链贸易出口国内增加值率在2000~2018年呈U形趋势，2019年和2020年连续下降，在5部门中几乎一直最低。中高技术制造业的复杂价值链贸易出口国内增加值率在2000~2017年呈U形趋势，之后三年连续下降。商业服务业的复杂价值链贸易出口国内增加值率 2000~2017 年波动上升，2018 年和 2019 年连续下降，2020 年有所回升。个人与公共服务业的复杂价值链贸易出口国内增加值率在 2008~2017 年上下波动但基本无增减，2018 年大幅下降，降为 5 部门最低。

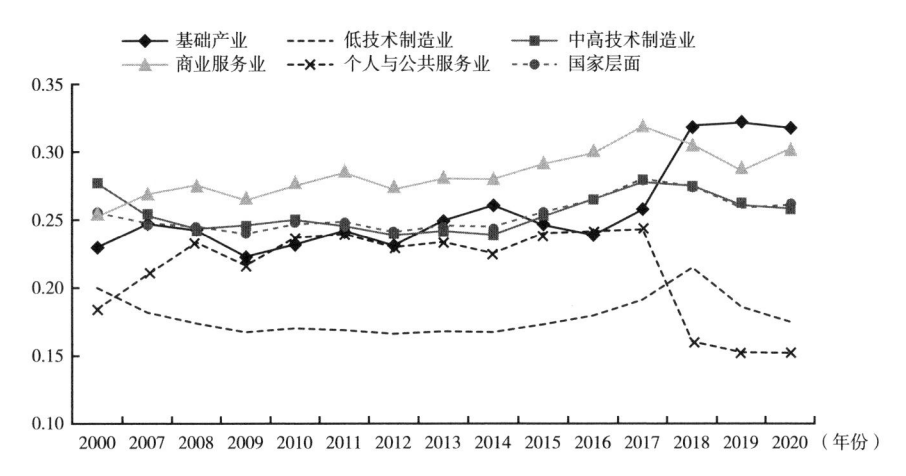

图 3-19　2000 年和 2007~2020 年美国复杂价值链贸易出口国内增加值率（WWZ 框架）

第四，全球价值链贸易出口国内增加值率。如图 3-20 所示，从国家总体层面来看，美国的全球价值链贸易出口国内增加值率呈波动上升趋势，波动幅度较小。从 5 部门层面来看，基础产业的全球价值链贸易出口国内增加值率远高于其他部门，呈波动上升趋势。商业服务业的全球价值链贸易出口国内增加值率呈波动上升趋势。个人与公共服务业的全球价值链贸易出口国内增加值率呈波动下降趋势，波动幅度较大，且在 2018 年降至最低。中高技术制造业和低技术制造业的全球价值链贸易出口国内增加值率波动幅度不大，且在 5 部门中相对较低。

第五，总出口国内增加值率。如图 3-21 所示，从国家总体层

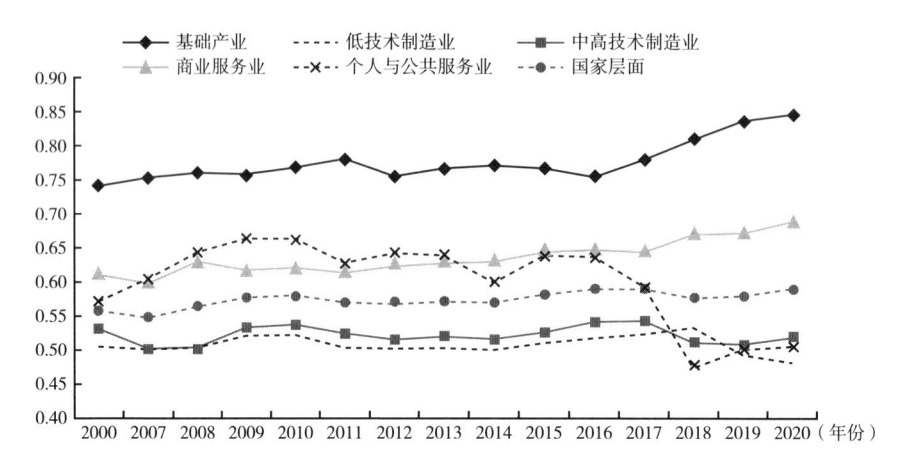

图 3-20　2000 年和 2007~2020 年美国全球价值链贸易出口国内
增加值率（WWZ 框架）

面来看，美国总出口国内增加值率波动频率较高，波动幅度较小。从 5 部门层面来看，个人与公共服务业和商业服务业总出口国内增加值率最高，呈波动上升趋势。基础产业总出口国内增加值率也呈波动上升趋势。低技术制造业的总出口国内增加值率在走势和数值上与国家总体层面大致相同。中高技术制造业的总出口国内增加值率波动幅度较大，2007 年和 2008 年连续下降，2010 年和 2011 年连续下降直到 2014 年才又开始波动上升，且一直是 5 部门中最低的。

（2）按 Borin 框架下原产部门分解

第一，传统贸易出口国内增加值率。如图 3-22 所示，从国家总体层面来看，美国的传统贸易出口国内增加值率呈波动下降趋势，但波动幅度小。从 5 部门来看，低技术制造业的传统贸易出口国内增加值率较高，且较为平稳。个人与公共服务业传统贸易出口国内增加值率呈波动上升趋势，2018 年涨幅较大。商业服务业的

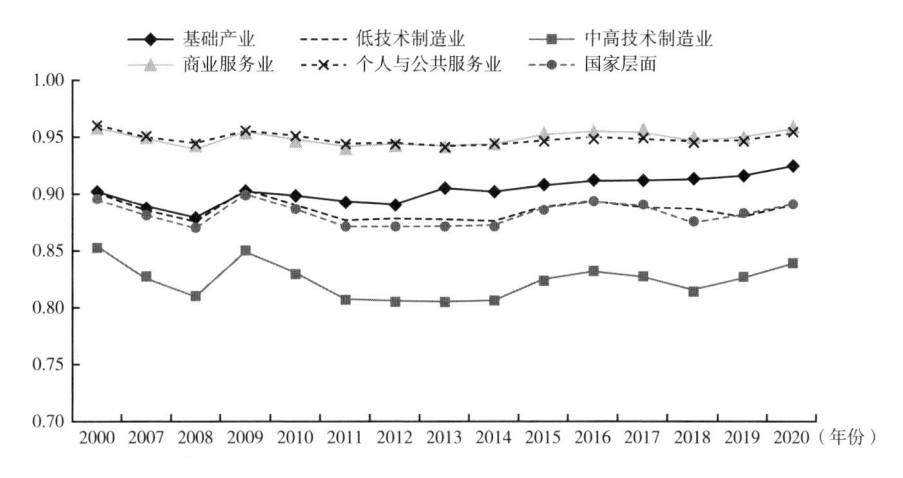

图 3-21　2000 年和 2007~2020 年美国总出口国内
增加值率（WWZ 框架）

传统贸易出口国内增加值率波动下降，变化幅度较小。中高技术制造业的传统贸易出口国内增加值率呈 U 形走势，且变化幅度小。基础产业的传统贸易出口国内增加值率远低于其他部门，且呈波动下降趋势。

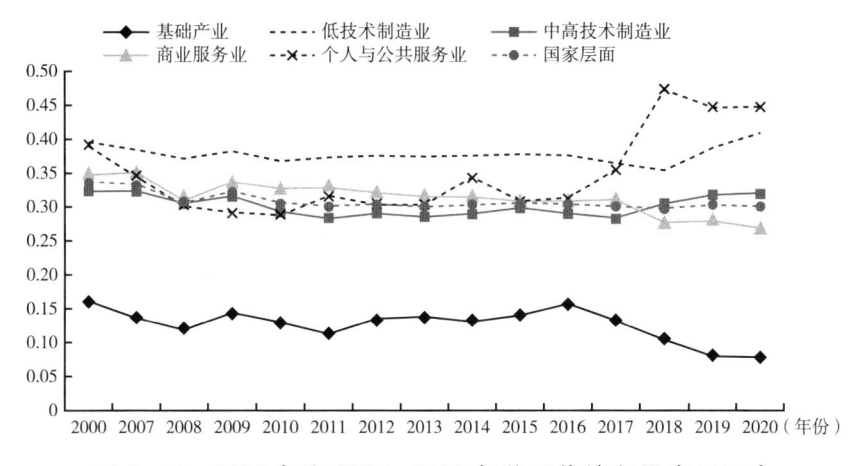

图 3-22　2000 年和 2007~2020 年美国传统贸易出口国内
增加值率（Borin 原产值）

第二，简单价值链贸易出口国内增加值率。如图3-23所示，从国家总体层面来看，美国的简单价值链贸易出口国内增加值率呈波动上升趋势，但波动幅度小。从5部门来看，基础产业的简单价值链贸易出口国内增加值率最高，上下波动但幅度较小。个人与公共服务业的简单价值链贸易出口国内增加值率呈波动下降趋势，变化幅度较大。商业服务业的简单价值链贸易出口国内增加值率2018年之前较为平稳，2018~2020年连续上升。低技术制造业的简单价值链贸易出口国内增加值率波动幅度较小。中高技术制造业的简单价值链贸易出口国内增加值率最低，大致呈倒U形变化趋势。

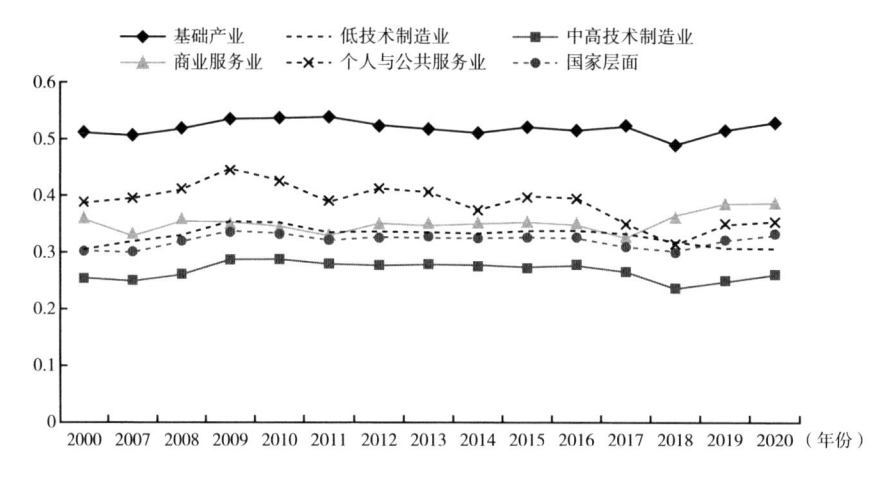

图3-23 2000年和2007~2020年美国简单价值链贸易出口国内增加值率（Borin原产值）

第三，复杂价值链贸易出口国内增加值率。如图3-24所示，从国家总体层面来看，美国复杂价值链贸易出口国内增加值率呈波动上升趋势，波动幅度较小。从5部门层面来看，基础产业复杂价值链贸易出口国内增加值率在2018年涨幅较大，之后和2018年基本持平。低技术制造业复杂价值链贸易出口国内增加值率在 2000~2018 年呈 U 形趋势，2019 年和 2020 年连续下降，在 5 部门中几乎一直最低。中高技术制造业复杂价值链贸易出口国内增加值率在 2000~2017 年呈 U 形趋势，之后三年连续下降。商业服务业复杂价值链贸易出口国内增加值率 2000~2017 年波动上升，2018 年和 2019 年连续下降，2020 年有所回升。个人与公共服务业复杂价值链贸易出口国内增加值率在 2008~2017 年上下波动但基本无增减，2018 年大幅下降，降为 5 部门最低。

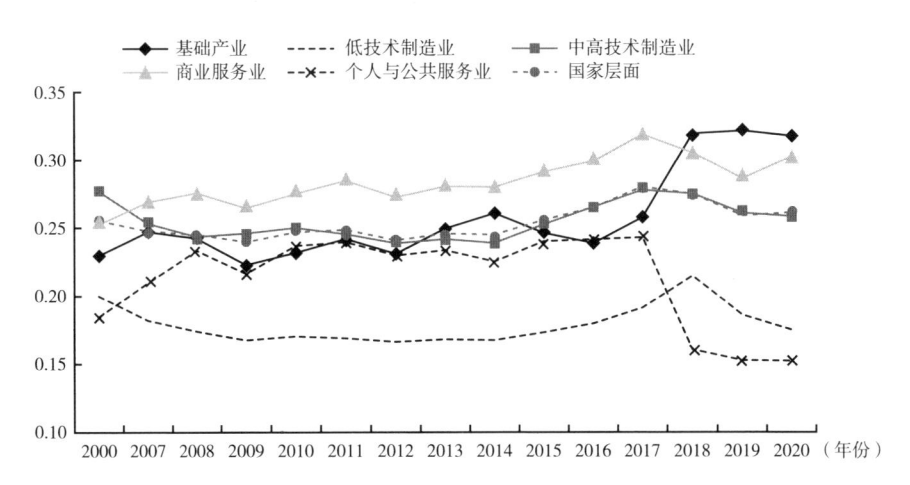

图 3-24　2000 年和 2007~2020 年美国复杂价值链贸易出口国内增加值率（Borin 原产值）

第四，全球价值链贸易出口国内增加值率。如图 3-25 所示，从国家总体层面来看，美国全球价值链贸易出口国内增加值率呈波动上升趋势，波动幅度较小。从 5 部门层面来看，基础产业的全球价值链贸易出口国内增加值率远高于其他部门，呈波动上升趋势。商业服务业的全球价值链贸易出口国内增加值率也呈波动上升趋势。个人与公共服务业的全球价值链贸易出口国内增加值率呈波动下降趋势，波动幅度大，并在2018年降至最低。中高技术制造业和低技术制造业的全球价值链贸易出口国内增加值率波动频繁，在5部门中相对较低。

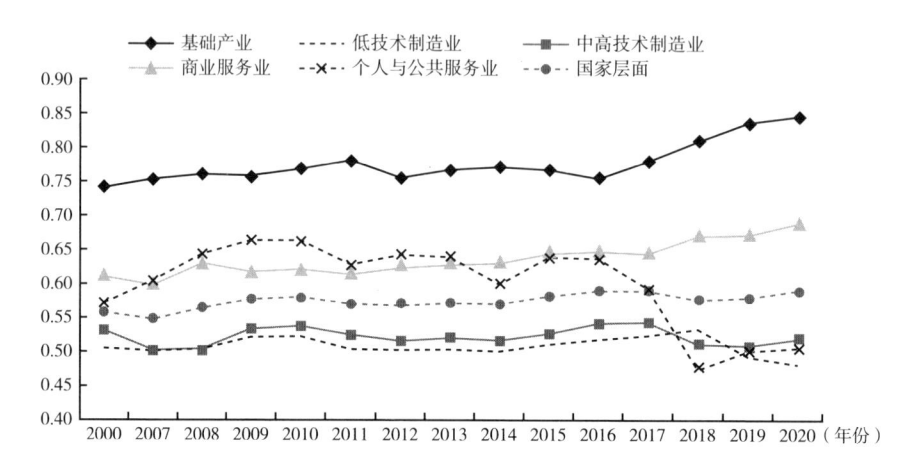

图3-25　2000年和2007~2020年美国全球价值链贸易出口国内增加值率（Borin原产值）

第五，总出口国内增加值率。如图3-26所示，从国家总体层面来看，美国总出口国内增加值率波动频率较高，波动幅度较小。从5部门层面来看，个人与公共服务业和商业服务业总出口国内增加值率最高，呈波动上升趋势。基础产业总出口国内增加值率也呈波动上升趋势。低技术制造业总出口国内增加值率在走势和数值上与国家总体层面大致相同。中高技术制造业总出口国内增加值率波动幅度较大，2007年和2008年连续下降，2010年和2011年连续下降直到2014年才又开始波动上升，且一直是5部门中最低的。

3. 德国出口国内增加值率

（1）按WWZ框架分解

第一，传统贸易出口国内增加值率。如图3-27所示，在

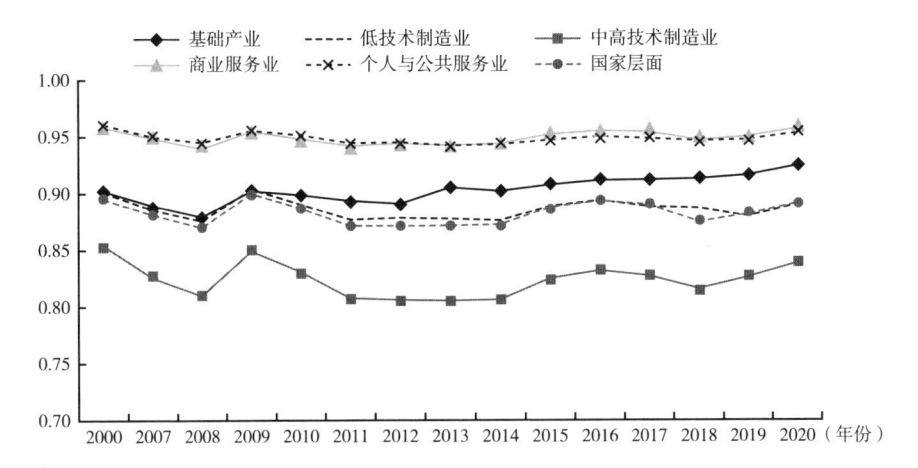

图 3-26　2000 年和 2007~2020 年美国总出口国内增加值率（Borin 原产值）

WWZ 框架下，在德国 5 部门中低技术制造业传统贸易出口国内增加值率最高，基础产业传统贸易出口国内增加值率最低。2000~2020 年德国低技术制造业、中高技术制造业、商业服务业以及国家层面传统贸易出口国内增加值率总体呈下降趋势，这表明德国低技术制造业、中高技术制造业、商业服务业以及国家层面传统最终产品出口比例逐步下降；个人与公共服务业则呈先下降后上升的趋势，2012 年为拐点；2009~2020 年德国基础产业传统贸易出口国内增加值率呈波动上升趋势，表明其传统最终产品出口比例波动上升。

第二，简单价值链贸易出口国内增加值率。如图 3-28 所示，在 WWZ 框架下，德国 5 部门简单价值链贸易出口国内增加值率由高到低依次为个人与公共服务业、商业服务业、基础产业、低技术制造业和中高技术制造业。其中 2009~2018 年德国商业服务业、基础产业、低技术制造业和中高技术制造业简单价值链贸易出口国内增加值率总体呈下降趋势，之后 2019 年有所回升，表明

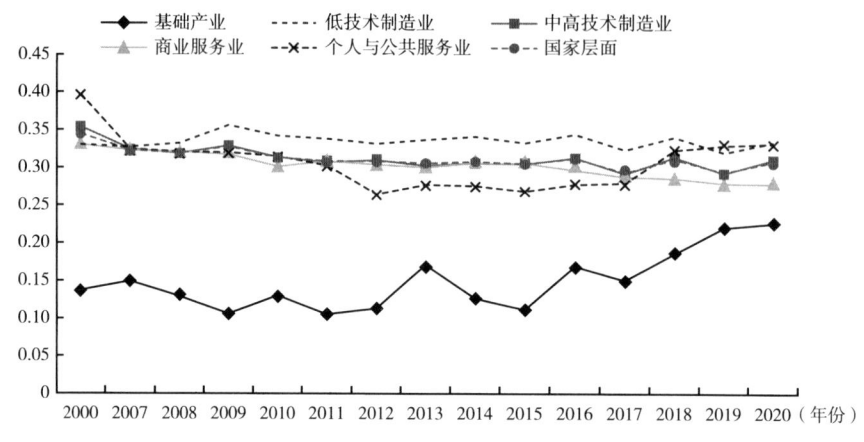

图 3-27　2000 年和 2007~2020 年德国传统贸易出口国内
增加值率（WWZ 框架）

德国出口中间产品给其他经济体进行生产和直接消耗的占比逐年下降。

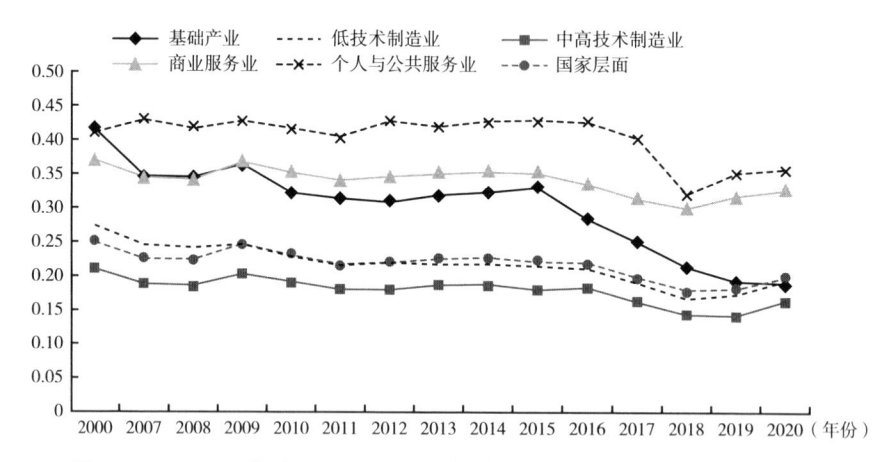

图 3-28　2000 年和 2007~2020 年德国简单价值链贸易出口国内
增加值率（WWZ 框架）

第三，复杂价值链贸易出口国内增加值率。如图 3-29 所示，在 WWZ 框架下，德国 5 部门复杂价值链贸易出口国内增加值率由高到低依次为基础产业、商业服务业、个人与公共服务业、中高技术制造业和低技术制造业。其中2000~2020年商业服务业、个人与公共服务业、中高技术制造业和低技术制造业复杂价值链贸易出口国内增加值率总体呈轻微上升趋势；2000~2011年德国基础产业复杂价值链贸易出口国内增加值率总体逐步上升，2011~2016年呈波动下降趋势，2016年后有所回升。

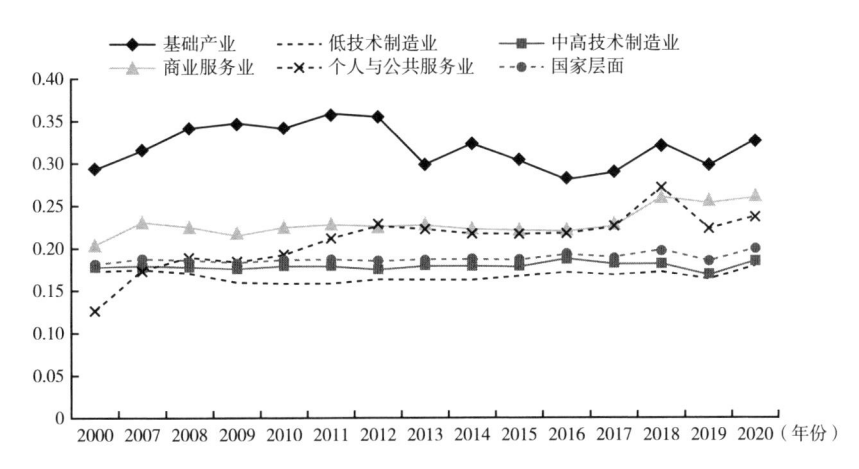

图3-29　2000年和2007~2020年德国复杂价值链贸易出口国内增加值率（WWZ框架）

第四，全球价值链贸易出口国内增加值率。如图3-30所示，在WWZ框架下，德国基础产业、个人与公共服务业和商业服务业全球价值链贸易出口国内增加值率较高，低技术制造业和中高技术制造业处于较低水平。德国基础产业、商业服务业、低技术制造业、中高技术制造业以及国家层面全球价值链贸易出口国内增加值率呈下降趋势，其主要原因是简单价值链贸易出口国内增加值率下降。个人与公共服务业总体呈倒U形趋势，2012年为拐点。

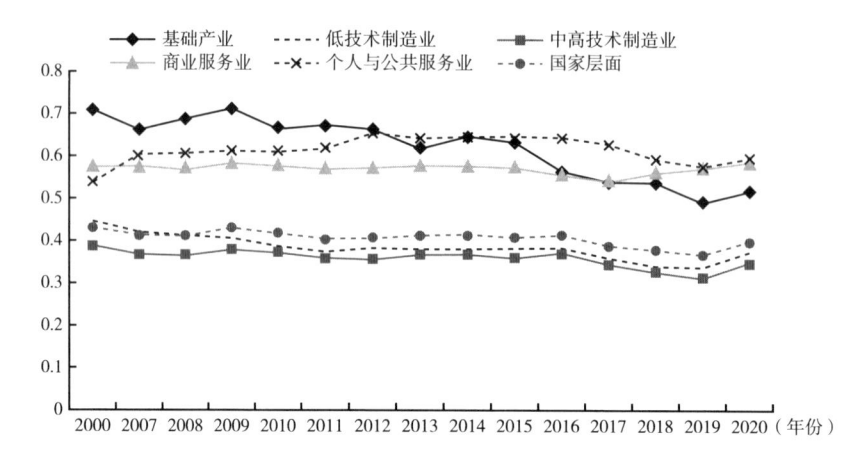

图 3-30　2000 年和 2007~2020 年德国全球价值链贸易出口国内
增加值率（WWZ 框架）

第五，总出口国内增加值率。如图 3-31 所示，在 WWZ 框架下，德国 5 部门总出口国内增加值率由高到低依次为个人与公共服务业、商业服务业、基础产业、低技术制造业以及中高技术制造业。其中 2000~2019 年基础产业、低技术制造业、中高技术制造业以及国家层面总出口国内增加值率呈明显的下降趋势，表明德国参与全球价值链国际分工地位有所下滑。总体来说，德国总出口国内增加值率出现下降趋势主要由于传统贸易和简单价值链贸易出口国内增加值率的下降幅度超过复杂价值链贸易出口国内增加值率的上升幅度。

（2）按 Borin 框架下出口部门分解

第一，传统贸易出口国内增加值率。如图 3-32 所示，德国 5 部门中低技术制造业传统贸易出口国内增加值率最高，基础产业传统贸易出口国内增加值率最低。2000~2020 年德国低技术制造业、中高技术制造业、商业服务业以及国家层面传统贸易出口国内增加值率总体呈小幅下降趋势，这表明德国低技术制造业、中高技术制

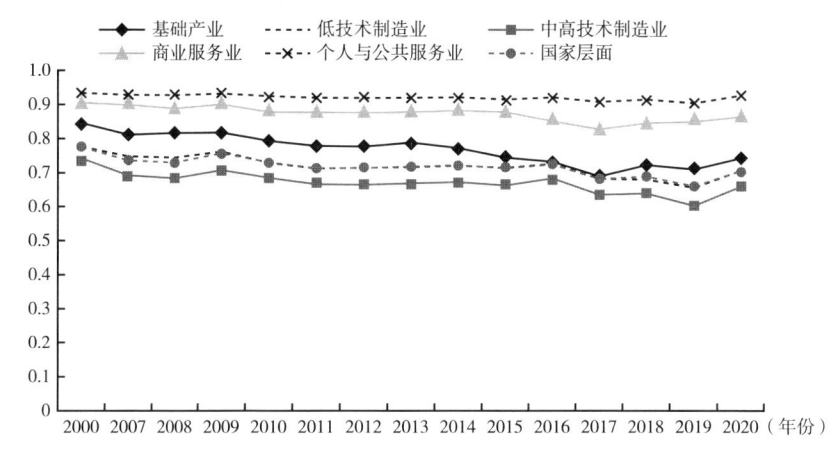

图 3-31　2000 年和 2007~2020 年德国总出口国内
增加值率（WWZ 框架）

造业、商业服务业以及国家层面传统最终产品出口比例逐步下降；个人与公共服务业则呈先下降后上升的趋势，2012 年为拐点；2009~2020 年德国基础产业传统贸易出口国内增加值率呈波动上升趋势。

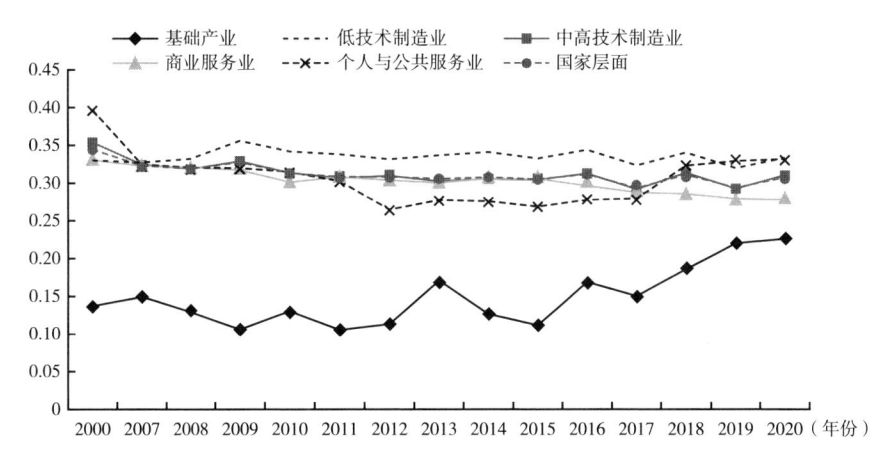

图 3-32　2000 年和 2007~2020 年德国传统贸易出口国内
增加值率（Borin 出口部门）

第二，简单价值链贸易出口国内增加值率。如图3-33所示，德国5部门简单价值链贸易出口国内增加值率由高到低依次为个人与公共服务业、商业服务业、基础产业、低技术制造业和中高技术制造业。其中，个人与公共服务业简单价值链贸易出口国内增加值率在2000~2016年波动较为平稳，2016年出现下降趋势。2009~2018年德国商业服务业、基础产业、低技术制造业和中高技术制造业简单价值链贸易出口国内增加值率总体呈下降趋势，之后2019年有所回升，表明德国出口中间产品到其他经济体经其生产加工直接被吸收的国内增加值占比逐年下降。

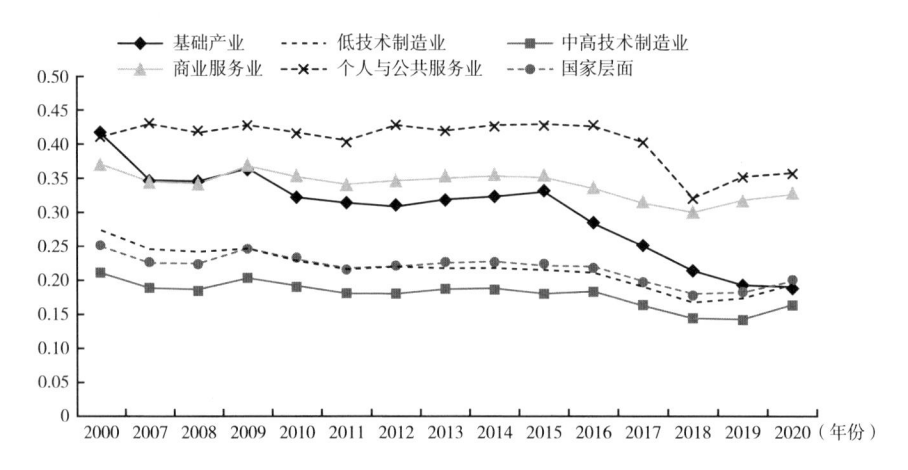

图3-33 2000年和2007~2020年德国简单价值链贸易出口国内增加值率（Borin出口部门）

第三，复杂价值链贸易出口国内增加值率。如图3-34所示，德国5部门复杂价值链贸易出口国内增加值率由高到低依次为基础产业、商业服务业、个人与公共服务业、中高技术制造业和低技术制造业。其中2000~2011年德国基础产业复杂价值链贸易出口国内增加值率逐步上升，2011~2016年呈波动下降趋势，2016年后有所回升；商业服务业和个人与公共服务业总体呈上升趋势，其余部门相对保持平稳。此外，德国复杂价值链贸易出口国内增加值率主要由出口国内间接增加值率所贡献，且占其绝对比例。

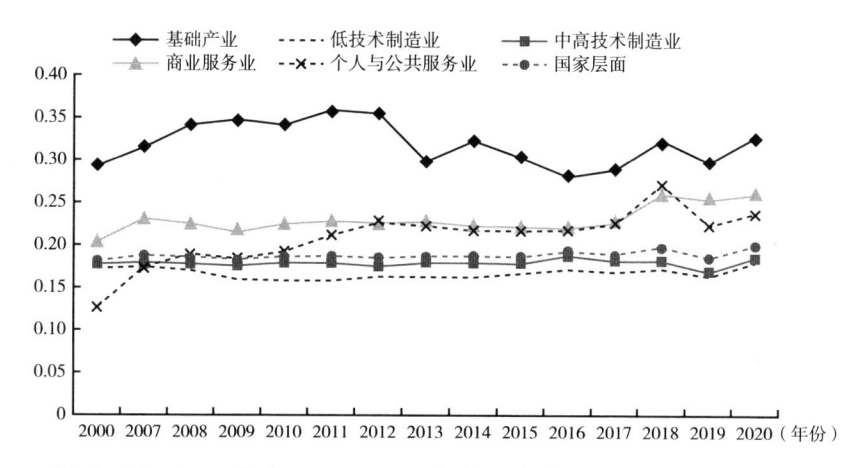

图 3-34　2000 年和 2007~2020 年德国复杂价值链贸易出口国内增加值率（Borin 出口部门）

第四，全球价值链贸易出口国内增加值率。如图 3-35 所示，德国基础产业和个人与公共服务业全球价值链贸易出口国内增加值率最高，其次是商业服务业较高，最后是低技术制造业和中高技术制造业较低。德国基础产业、低技术制造业、中高技术制造业以及国家层面全球价值链贸易出口国内增加值率总体呈下降趋势，其主要是由简单价值链贸易出口国内增加值率下降所致。

第五，总出口国内增加值率。如图 3-36 所示，德国 5 部门总出口国内增加值率由高到低依次为个人与公共服务业、商业服务业、基础产业、低技术制造业以及中高技术制造业。其中 2000~2019 年，基础产业、低技术制造业、中高技术制造业以及国家层面总出口国内增加值率呈明显下降趋势，表明德国参与全球价值

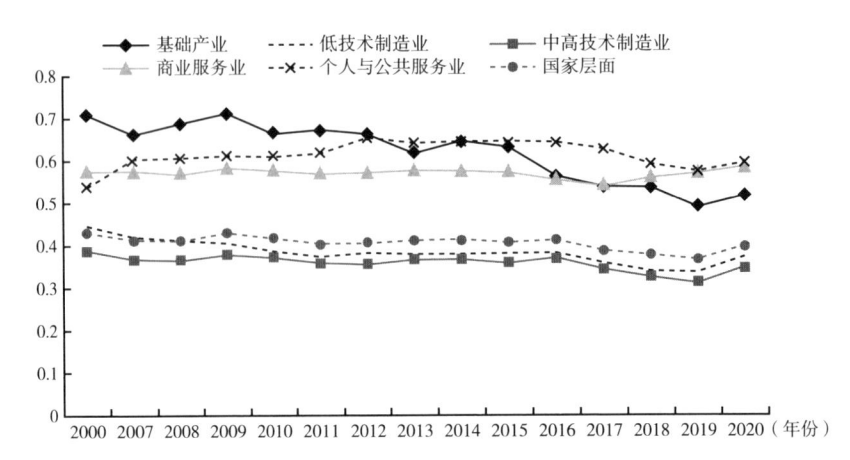

图 3-35　2000 年和 2007~2020 年德国全球价值链贸易出口国内
增加值率（Borin 出口部门）

链国际分工地位有所下滑。总体来说，德国总出口国内增加值率出现下降趋势主要是由传统贸易和简单价值链贸易出口国内增加值率下降所致，复杂价值链贸易出口国内增加值率变化相对较为平稳。

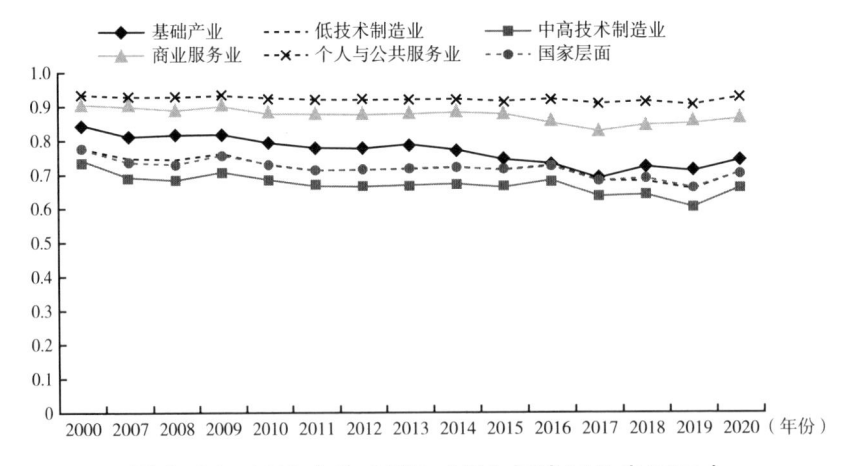

图 3-36　2000 年和 2007~2020 年德国总出口国内
增加值率（Borin 出口部门）

4. 日本出口国内增加值率

（1）按 WWZ 框架分解

第一，传统贸易出口国内增加值率。如图 3-37 所示，从整体来看，日本传统贸易出口国内增加值率在 2000~2013 年呈下降趋势，2013~2018 年呈上升趋势，且其具体数值主要在 0.3~0.4 区间波动。5 部门中传统贸易出口国内增加值率较高的是个人与公共服务业、商业服务业，其次是中高技术制造业、低技术制造业和基础产业。但个人与公共服务业在 2018 年、商业服务业在 2019 年都出现了大幅度的下降，而基础产业的传统贸易出口国内增加值率在 2018 年大幅上升，2020 年又开始回落。

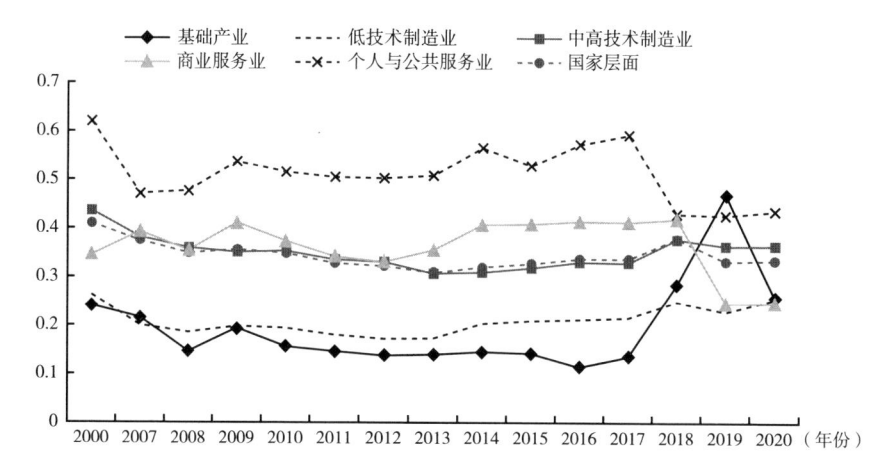

图 3-37 2000 年和 2007~2020 年日本传统贸易出口国内增加值率（WWZ 框架）

第二，简单价值链贸易出口国内增加值率。如图 3-38 所示，从国家层面来看，日本简单价值链贸易出口国内增加值率主要在 0.23~0.33 区间波动，要低于其传统贸易出口国内增加值率。2009~2018 年呈波动下降趋势，2019~2020 年开始上升。

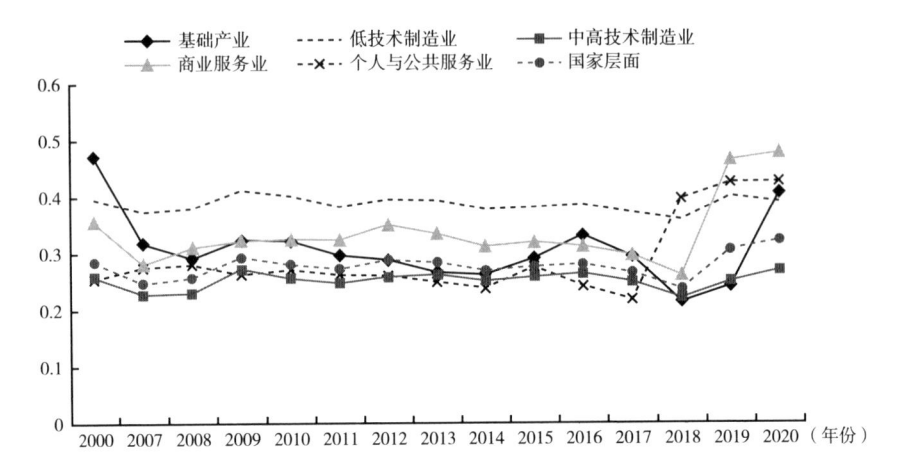

图 3-38　2000 年和 2007~2020 年日本简单价值链贸易出口国内
增加值率（WWZ 框架）

与图 3-37 不同的是，5 部门中简单价值链贸易出口国内增加值率较高的是低技术制造业，其次是商业服务业和基础产业，中高技术制造业和个人与公共服务业的简单价值链贸易出口国内增加值率较低。且个人与公共服务业在 2018 年、商业服务业在 2019 年开始大幅上升，说明服务业在 2018 年、2019 年参与国际产品分工程度有所弱化；基础产业整体波动幅度较大，2000~2014 年呈波动下降趋势，2014~2016 年逐渐上升，2016~2018 年又开始下降，2018~2020 年出现了上升趋势，总体变化趋势呈 W 形；中高技术制造业和低技术制造业的简单价值链贸易出口国内增加值率的变化趋势与国家层面基本保持一致。

第三，复杂价值链贸易出口国内增加值率。如图 3-39 所示，从图中可以看出 5 部门中复杂价值链贸易出口国内增加值率最高的是低技术制造业，最低的是个人与公共服务业。整体来看，日本低技术制造业复杂价值链贸易出口国内增加值率呈下降趋势，但下降幅度很小；个人与公共服务业复杂价值链贸易出口国内增加值率于2007~2009年、2013~2014年、2015~2020年均有不同程度的下降；中高技术制造业的波动幅度很小，其复杂价值链贸易出口国内增加值率基本维持在0.2左右；基础产业和商业服务业波动较大；整个国家复杂价值链贸易出口国内增加值率也维持在0.2左右，但要高于中高技术制造业，其变化趋势与中高技术制造业基本一致。

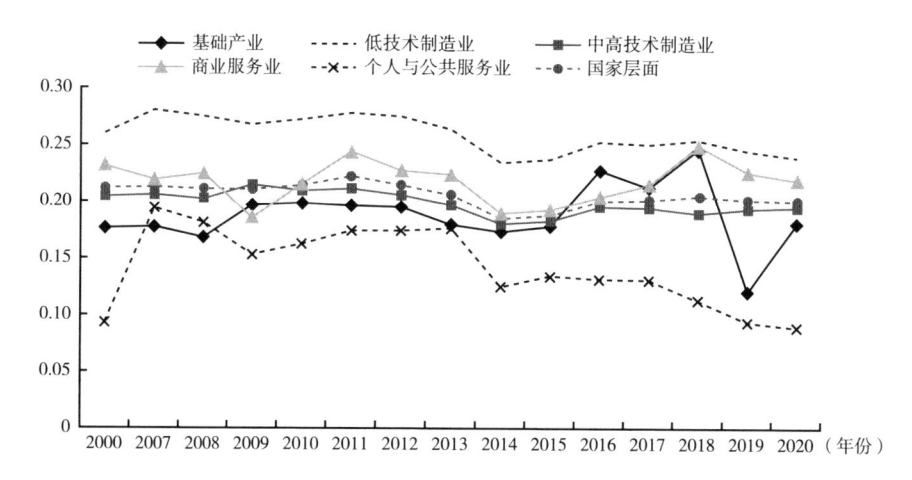

图3-39　2000年和2007~2020年日本复杂价值链贸易出口国内增加值率（WWZ框架）

第四，全球价值链贸易出口国内增加值率。如图3-40所示，在全球价值链贸易中，日本5部门中低技术制造业的全球价值链贸易出口国内增加值率仍居首位，在0.6~0.7范围内波动，但2019年后商业服务业的全球价值链贸易出口国内增加值率超过低技术制造业，主要是由于在2018年商业服务业简单价值链贸易出口国内增加值率的大幅度提升；中高技术制造业全球价值链贸易出口国内增加值率集中在0.4~0.5，波动幅度较小；个人与公共服务业在 2017 年前呈波动下降趋势，2017 年后大幅提升并趋于平缓；基础产业波动较大，在 2009~2014 年、2016~2019 年均有不同程度的下降。从国家层面来看，日本整个国家全球价值链贸易出口国内增加值率大致保持在 0.44~0.53 内。

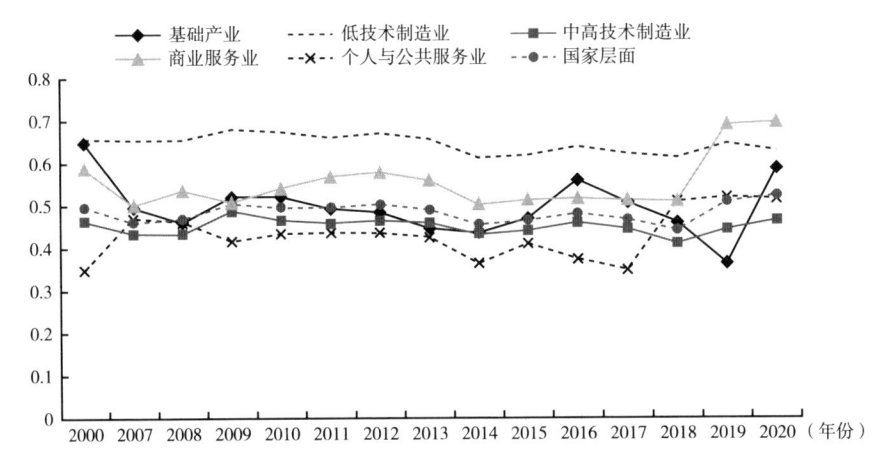

图 3-40　2000 年和 2007~2020 年日本全球价值链贸易出口国内增加值率（WWZ 框架）

第五，总出口国内增加值率。如图 3-41 所示，在总出口国内增加值率中日本 5 部门由高到低依次是个人与公共服务业、商业服务业、低技术制造业、中高技术制造业和基础产业，前四个部门相差不大，基本在 0.8~1.0 范围内波动，但基础产业相对来说要更低，主要是由于日本基础产业在传统贸易中的出口国内增加值率相对较低。从变化趋势来看，服务业基本保持平稳，制造业和基础产业总体呈 U 形趋势，2014 年为转折点。从国家层面来看，日本总出口国内增加值率基本在 0.80~0.85 范围内波动（除 2014 年），总体也呈 U 形趋势。

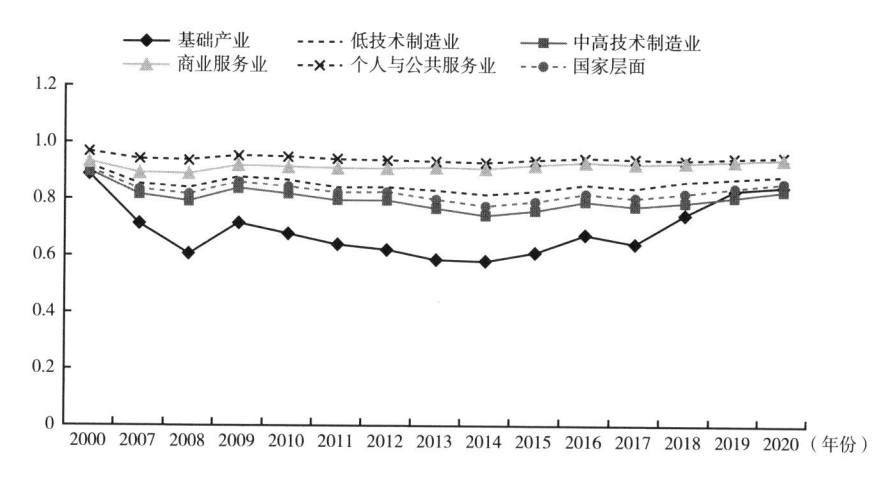

图 3-41 2000 年和 2007~2020 年日本总出口国内
增加值率（WWZ 框架）

（2）按 Borin 框架下出口部门分解

第一，传统贸易出口国内增加值率。图 3-42 为日本传统贸易出口国内增加值率，从整体来看，日本传统贸易出口国内增加值率在 2000~2013 年呈下降趋势，2013~2018 年呈上升趋势，且其具体数值主要在 0.3~0.4 波动。5 部门中传统贸易出口国内增加值率较高的是个人与公共服务业、商业服务业，其次是中高技术制造业、低技术制造业和基础产业。但个人与公共服务业在 2018 年、商业服务业在 2019 年都出现了大幅度的下降，而基础产业的出口国内增加值率在 2018 年大幅上升，2020 年又开始回落。

第二，简单价值链贸易出口国内增加值率。图 3-43 为日本简单价值链贸易出口国内增加值率，从国家层面来看，日本简单价值链贸易出口国内增加值率主要在 0.23~0.33 波动，要低于其传统贸易出口国内增加值率。2009~2018 年呈波动下降趋势，2019~2020 年其开始上升。

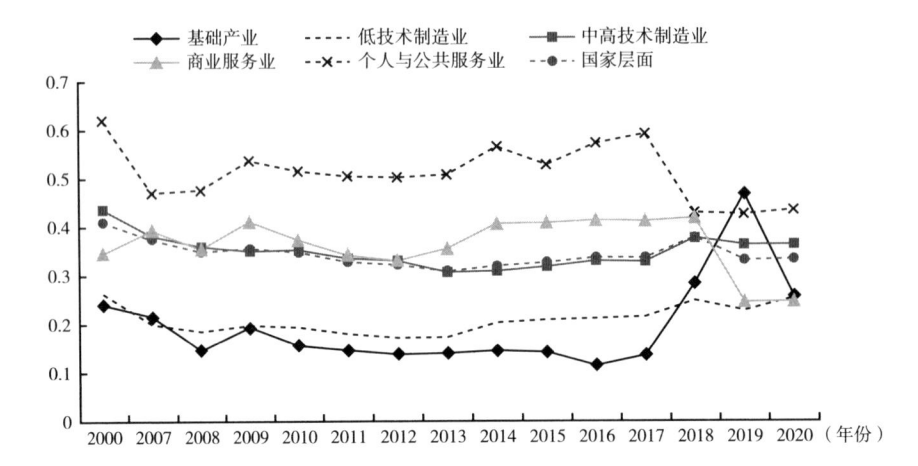

图 3-42　2000 年和 2007~2020 年日本传统贸易出口国内
增加值率（Borin 出口部门）

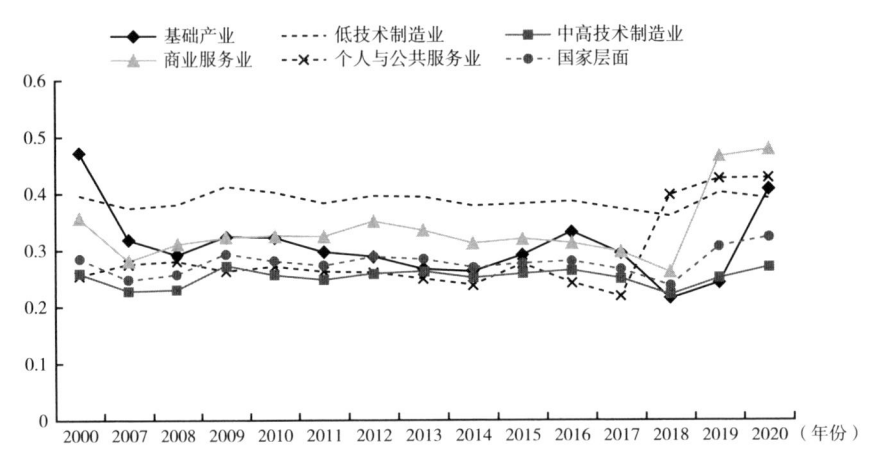

图 3-43　2000 年和 2007~2020 年日本简单价值链贸易出口国内
增加值率（Borin 出口部门）

5 部门中简单价值链贸易出口国内增加值率较高的是低技术制造业，其次是商业服务业和基础产业，中高技术制造业和个人与公共服务业的简单价值链贸易出口国内增加值率较低。且个人与公共服务业在 2018 年、商业服务业在 2019 年大幅上升，说明服务业在

2018年、2019年参与国际分工程度，源于国内增加值提高；基础产业整体波动幅度较大，2000～2014年呈波动下降趋势，2014～2016年逐渐上升，2016～2018年又开始下降，2018～2020年出现了上升趋势，总体变化趋势呈W形；中高技术制造业和低技术制造业的简单价值链贸易出口国内增加值率的变化趋势与国家层面基本保持一致。

第三，复杂价值链贸易出口国内增加值率。图3-44为日本复杂价值链贸易出口国内增加值率。从图中可以看出，5部门中复杂价值链贸易国内增加值率最高的是低技术制造业，最低的是个人与公共服务业。整体来看，日本低技术制造业复杂价值链贸易出口国内增加值率呈下降趋势，但下降幅度很小；个人与公共服务业复杂价值链贸易出口国内增加值率于2007～2009年、2013～2014年、2015～2020年均有不同程度的下降；中高技术制造业复杂价值链贸易出口国内增加值率波动幅度很小，基本维持在0.2左右；基础产业和商业服务业波动较大，没有明显的变化趋势；国家层面复杂价值链贸易出口国内增加值率也维持在0.2左右，但要高于中高技术制造业，其变化趋势与中高技术制造业基本一致。

第四，全球价值链贸易出口国内增加值率。图3-45为日本全球价值链贸易出口国内增加值率。日本5部门中低技术制造业的全球价值链贸易出口国内增加值率仍居首位，在0.6~0.7波动，但2019年后商业服务业全球价值链贸易出口国内增加值率超过低技术制造业，主要是由在2018年商业服务业简单价值链贸易出口国内增加值率的大幅提升导致；中高技术制造业全球价值链贸易出口国内增加值率集中在0.4~0.5，波动幅度较小；个人与公共服务业全球价值链贸易出口国内增加值率在2017年前呈波动下降趋势，2017年后大

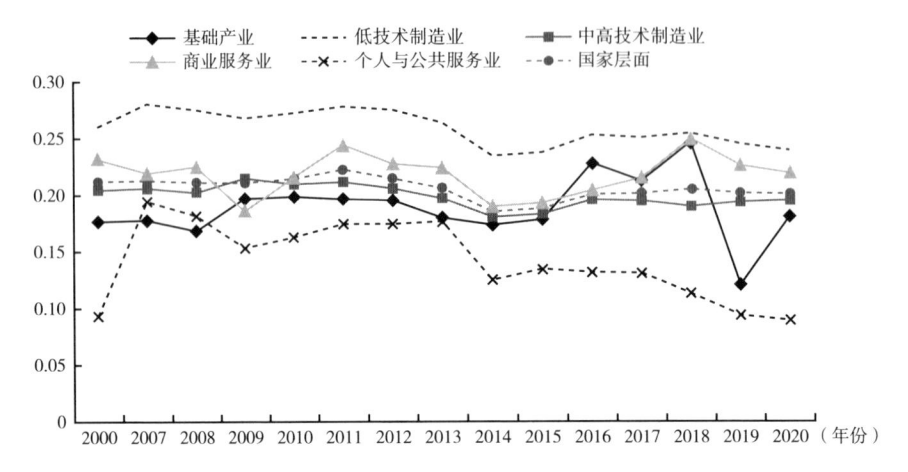

图 3-44　2000 年和 2007~2020 年日本复杂价值链贸易出口国内
增加值率（Borin 出口部门）

幅提升并趋于平缓；基础产业全球价值链贸易出口国内增加值率波动较大，在 2009~2014 年、2016~2019 年均有不同程度的下降。国家层面全球价值链贸易出口国内增加值率大致保持在 0.44~0.53。

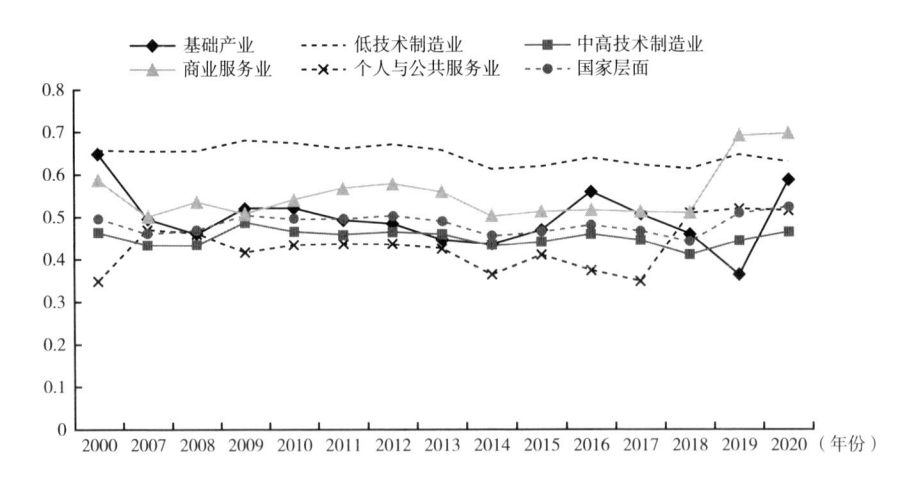

图 3-45　2000 年和 2007~2020 年日本全球价值链贸易出口国内增
加值率（Borin 出口部门）

第三章 制造业出口国内增加值率的现状分析

第五，总出口国内增加值率。图3-46为日本总的出口国内增加值率。可以看到日本5部门总的出口国内增加值率由高到低依次是个人与公共服务业、商业服务业、低技术制造业、中高技术制造业和基础产业，前四个部门相差不大，基本在0.8~1.0波动，但基础产业相对来说要更低于其他四部门，主要是由于基础产业传统贸易出口国内增加值率较低。从变化趋势来看，服务业基本保持平稳，制造业和基础产业总体呈U形变化趋势，2014年为转折点。从国家层面来看，日本总出口国内增加值率基本在0.80~0.85范围内波动（除2014年），总体也呈U形变动趋势。

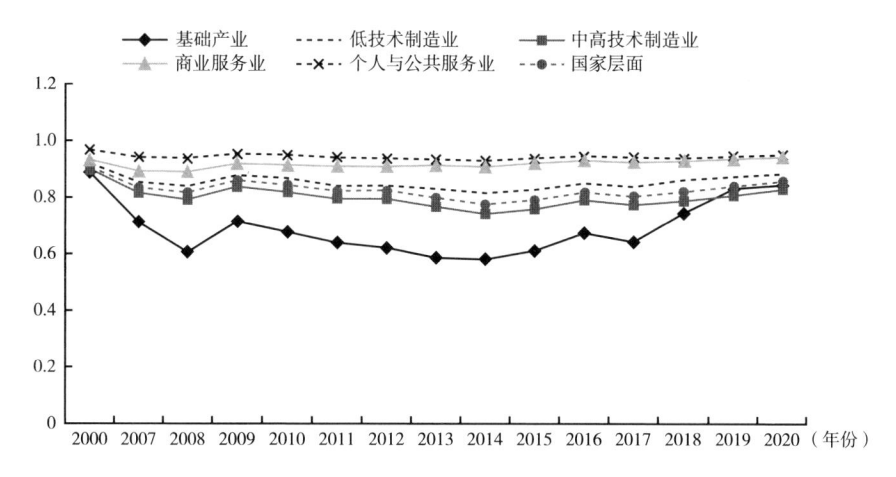

图3-46 2000年和2007~2020年日本总出口国内
增加值率（Borin出口部门）

四 重点国家制造业出口国内增加值率变化

通过比较分析2000年、2007年、2014年与2019年四个时间段中国、日本、美国与德国四国制造业出口国内增加值率变化，了解制造业全球生产网络中主要核心国国内增加值率的变化趋势。

(一)制造业总体层面

如表3-4所示,2000~2019年,首先,日本DVAR下降趋势明显,由90.09%下降至79.49%,其中DVAR_FIN、DVAR_INT、DVAR_INTrex都出现不同程度下降。中国制造业DVAR_FIN数值最大,但日本DVAR_INT、DVAR_INTrex数值都高于中国,特别是DVAR_INT在四个国家中最高。

其次,美国DVAR也出现下降趋势,其DVAR_FIN在四个国家中数值相对较小,DVAR_INTrex数值最大,这主要是由于美国处于全球价值链的上游位置,在制造业生产技术上处于全球领先地位。

再次,德国的DVAR下降趋势也比较明显,主要由DVAR_FIN、DVAR_INT的下降导致,但其DVAR_INTrex依然保持较高水平,但低于美国与日本。

表3-4 中、日、美、德制造业出口国内增加值率比较

单位:%

2000年(DVAR排名)	DVAR_FIN	DVAR_INT	DVAR_INTrex	DVAR
日本(3)	42.74	26.94	20.41	90.09
美国(5)	34.31	26.61	25.53	86.45
中国(12)	51.66	18.09	12.27	82.02
德国(22)	35.92	21.96	16.85	74.73
2007年(DVAR排名)	DVAR_FIN	DVAR_INT	DVAR_INTrex	DVAR
美国(5)	33.80	26.64	23.40	83.85
日本(8)	37.08	23.91	20.83	81.83
中国(15)	46.60	16.21	12.05	83.85
德国(21)	33.71	19.61	16.83	70.14
2014年(DVAR排名)	DVAR_FIN	DVAR_INT	DVAR_INTrex	DVAR
美国(7)	31.24	29.18	21.78	82.20
中国(8)	45.04	22.86	14.27	82.16
日本(15)	30.27	26.42	18.00	74.69
德国(25)	32.13	19.34	16.75	68.22

续表

2019年(DVAR排名)	DVAR_FIN	DVAR_INT	DVAR_INTrex	DVAR
中国(4)	46.07	21.83	17.22	85.12
美国(8)	33.40	24.63	24.20	82.23
日本(11)	32.89	26.73	19.88	79.49
德国(32)	29.04	15.59	16.51	61.13

资料来源：根据ADB-MRIO数据库整理。

最后，中国制造业总体DVAR中，DVAR_FIN数值最大，但近年来DVAR_FIN下降趋势明显，DVAR_INT与DVAR_INTrex数值2007年出现短暂下降。主要是因为2000年中国加入WTO后，参与全球价值链国际分工不断深化，但由于主要从事加工组装环节，获得的国内增加值较少，因此出现了DVAR下降的趋势。2007年后，随着经济一体化程度的加深，中国出口结构逐步优化，全球价值链参与程度特别是前向参与度的不断加深，导致出口国内增加值率也不断提高。另外，中国的DVAR_INT与DVAR_INTrex均呈现明显的上升趋势，但DVAR_INTrex始终较小，其DVAR_INTrex数值在2019年以前低于美、日、德三国，2019年仅高于德国，说明虽然中国出口国内增加值率在不断提升，但复杂价值链出口国内增加值率仍相对较低。总体来说，中国制造业的出口国内增加值率由2000年的82.02%上升至2019年的85.12%，成为四个国家中DVAR数值最高的国家，而且DVAR_FIN不断下滑，DVAR_INT与DVAR_INTrex持续上升，说明中国制造业沿着全球价值链不断向中高端攀升的趋势明显。

（二）高技术制造业

高技术制造业DVAR的变化趋势与总制造业DVAR大体类似，如表3-5所示。

表 3-5 中、日、美、德高技术制造业出口国内增加值率比较

单位：%

2000年（DVAR排名）	DVAR_FIN	DVAR_INT	DVAR_INTrex	DVAR
日本（2）	52.39	20.51	17.50	90.40
美国（3）	38.27	20.78	26.23	85.28
中国（16）	51.34	13.64	12.01	77.00
德国（19）	45.76	15.56	13.44	74.76
2007年（DVAR排名）	DVAR_FIN	DVAR_INT	DVAR_INTrex	DVAR
日本（2）	49.63	17.29	17.23	84.15
美国（4）	41.76	18.70	22.96	83.42
德国（15）	43.14	14.19	13.52	70.85
中国（22）	46.94	10.91	10.92	68.77
2014年（DVAR排名）	DVAR_FIN	DVAR_INT	DVAR_INTrex	DVAR
美国（3）	39.98	20.58	21.13	81.69
中国（5）	46.41	18.65	13.72	78.78
日本（7）	43.18	20.78	14.46	78.41
德国（16）	41.38	15.35	13.28	70.01
2019年（DVAR排名）	DVAR_FIN	DVAR_INT	DVAR_INTrex	DVAR
日本（2）	45.87	20.74	16.22	82.83
中国（3）	47.39	17.76	17.09	82.24
美国（4）	41.58	16.69	23.26	81.54
德国（24）	37.66	12.36	13.58	63.59

资料来源：根据 ADB-MRIO 数据库整理。

首先，日本高技术制造业 DVAR 的数值大于中、美、德三国，但其 2000~2019 年 DVAR 呈下降趋势，由 90.40% 下降至 82.83%。从 DVAR 构成上来看，DVAR_FIN 占比最高且数值在 2000 年与 2007 年高于其他三国。DVAR_INT 数值在 2014 年和 2019 年是四个国家中最高的。这说明日本的高技术制造业仍处于产业链上游位置，但近年来随着出口国内增加值率的下降，其在全球价值链中的位置也不断下滑。

其次,2000~2019年美国高技术制造业DVAR数值保持在80%~85%,但仍呈现持续下降趋势。从构成来看,DVAR_FIN占比最高,但仍低于同期的日、中,DVAR_INTrex大体呈下降趋势但数值仍然是四个国家中最高的,证实美国在全球价值链中的霸主地位。

再次,德国的高技术制造业DVAR在四国当中数值最小,2000~2019年由74.76%下降至63.59%。2000~2019年,DVAR_FIN、DVAR_INT数值大体也不断下降,DVAR_INTrex小幅提升。但2019年德国出口国内增加值率及不同分项增加值率都是数值最低,说明德国正逐渐被中国赶超。

最后,中国是四个国家中唯一高技术制造业DVAR呈现上升趋势的国家,由77.00上升至82.24%。从构成上来看,DVAR_FIN数值较大,但2000~2014年DVAR_FIN数值下降趋势明显。2007~2019年DVAR_INTrex数值不断上升,说明中国高技术行业正在摆脱对传统贸易以及简单加工出口的依赖,不断向制造业产业链上游攀升。2019年中国的DVAR_INTrex数值仅次于美国,一定程度上反映出中国高技术制造业向全球价值链攀升取得了明显成效。

(三)中技术制造业

如表3-6所示,不同于制造业总体与高技术制造业DVAR,中技术制造业中、美、日、德四国都是DVAR_INT数值最大。首先,2000~2019年,日本的DVAR由最高的88.37%下降至71.08%,这主要由于其DVAR_FIN、DVAR_INT、DVAR_INTrex都出现了下降趋势,其中下降幅度最大的为DVAR_INT。但其DVAR_INTrex仍然高于中国与德国,仅次于美国,说明日本的中等技术制造业在全球价值链中处于重要地位。

其次,2000~2019年,美国的DVAR也呈下降趋势,但排名相对稳定,DVAR_FIN上升,DVAR_INTrex虽下降,但数值仍是四个国家中最高的,这说明美国在中技术制造业层面也具有相对成熟的技术优势,维持着其在全球价值链中的高端地位。

再次,德国的DVAR下降趋势明显,表现为DVAR_FIN、DVAR_INT、DVAR_INTrex均下降,且除DVAR_FIN略高于日本外,其他各项出口国内增加值率都是四国中最低的,说明德国中等技术制造业比较优势相对弱于其他三个国家。

表3-6 中、日、美、德中技术制造业出口国内增加值率比较

单位:%

2000年(DVAR排名)	DVAR_FIN	DVAR_INT	DVAR_INTrex	DVAR
日本(3)	12.22	46.65	29.50	88.37
美国(7)	16.74	39.55	29.73	86.02
中国(8)	15.47	44.43	24.58	84.48
德国(19)	12.61	34.65	25.93	73.18
2007年(DVAR排名)	DVAR_FIN	DVAR_INT	DVAR_INTrex	DVAR
美国(6)	15.33	37.28	28.50	81.11
中国(11)	13.37	40.11	24.12	77.60
日本(13)	7.55	38.20	28.79	74.54
德国(24)	12.81	28.80	24.70	66.30
2014年(DVAR排名)	DVAR_FIN	DVAR_INT	DVAR_INTrex	DVAR
中国(6)	15.67	42.09	23.66	81.42
美国(10)	15.69	37.66	26.09	79.44
日本(22)	5.88	35.22	24.11	65.21
德国(28)	10.94	26.28	24.86	62.08
2019年(DVAR排名)	DVAR_FIN	DVAR_INT	DVAR_INTrex	DVAR
中国(5)	17.60	40.77	26.13	84.50
美国(7)	17.39	32.95	29.17	79.51
日本(16)	7.11	37.31	26.66	71.08
德国(43)	9.82	20.47	22.73	53.02

资料来源:根据ADB-MRIO数据库整理。

最后，2000~2019 年中国的 DVAR 呈现先下降后上升的趋势，由 84.48%变化至 84.50%，其中占比最高的 DVAR_INT 呈现下降趋势，而 DVAR_INTrex 呈上升趋势。2019 年中国的 DVAR_INTrex 超过德国且与日、美两国差距逐渐变小，这说明中国在中技术制造业中主要以简单价值链的形式完成出口，将国内零部件出口到国外经其简单加工后直接吸收，但近年来随着中国制造业出口结构改革不断深化，中技术制造业 DVAR_INTrex 上升趋势明显，说明中国中技术制造业沿着全球价值链攀升取得明显成效。

（四）低技术制造业

从低技术制造业的出口国内增加值率来看，由表 3-7 可知，与前面分析类似，除了中国 DVAR 呈上升趋势外，美、日、德三国的 DVAR 都出现了不同程度的下降，但低技术制造业 DVAR 数值都高于总体、高技术以及中技术制造业 DVAR 数值。另外，不同于高技术与中技术制造业，低技术制造业的出口国内增加值率构成各国相差较大。

表 3-7 中、日、美、德低技术制造业出口国内增加值率比较

单位：%

2000 年(DVAR 排名)	DVAR_FIN	DVAR_INT	DVAR_INTrex	DVAR
日本(2)	26.84	39.45	25.67	91.96
美国(3)	40.23	30.38	19.51	90.12
中国(9)	65.25	12.44	7.98	85.68
德国(28)	35.61	25.49	15.62	76.71
2007 年(DVAR 排名)	DVAR_FIN	DVAR_INT	DVAR_INTrex	DVAR
美国(4)	38.96	32.00	17.63	88.59
日本(7)	20.25	37.62	27.60	85.47
中国(8)	63.37	12.84	7.69	83.90
德国(28)	35.98	22.76	15.18	73.92

续表

2014年(DVAR排名)	DVAR_FIN	DVAR_INT	DVAR_INTrex	DVAR
中国(2)	62.08	18.31	9.04	89.42
美国(4)	38.00	33.41	16.23	87.64
日本(12)	20.38	38.22	23.03	81.63
德国(32)	35.35	21.14	15.32	71.81
2019年(DVAR排名)	DVAR_FIN	DVAR_INT	DVAR_INTrex	DVAR
中国(1)	62.67	17.15	11.47	91.29
美国(3)	38.90	29.50	19.14	87.54
日本(6)	26.58	34.94	23.65	85.17
德国(36)	31.83	17.61	15.97	65.41

资料来源：根据ADB-MRIO数据库整理。

首先，日本的低技术制造业DVAR与中技术制造业类似，DVAR_INT最高，2000~2019年，DVAR_FIN、DVAR_INT、DVAR_INTrex都出现不同程度下降，但日本的DVAR_INT、DVAR_INTrex数值远高于同期的其他三个国家，说明日本与其他主要国家相比在低技术制造业上的优势仍然存在。

其次，2000~2019年，德国DVAR_FIN、DVAR_INT出现下降，但DVAR_INTrex呈小幅上升趋势，虽然德国DVAR是四个国家中数值最低的，但其DVAR_INT与DVAR_INTrex数值仍高于中国，说明与中国相比，德国的低技术制造业全球价值链优势更突出。

再次，2000~2019年，美国出口国内增加值率发展较为稳定，DVAR_FIN、DVAR_INT、DVAR_INTrex都有轻微下降趋势，但所有数值在四个国家中都处于第二的位置，数值较高。这说明美国作为技术较高的发达国家，在低技术制造业全球价值链中也占据着高端位置。

最后，中国的DVAR_FIN、DVAR_INT、DVAR_INTrex是

四个国家中分布最不均衡的国家。从2019年的数值来看,中国的DVAR_ FIN数值高达62.67%,而DVAR_ INT、DVAR_ INTrex分别为17.15%、11.47%。这说明中国作为世界制造业大国,仍对传统的制造业产品的生产与出口存在较大依赖。但从时间序列上来讲,DVAR_ FIN呈下降趋势,DVAR_ INT、DVAR_ INTrex上升趋势明显。这说明近年来随着中国低技术制造业的生产水平以及生产效率不断提升,DVAR_ INTrex也呈现上升趋势,一定程度上说明中国低技术制造业沿着全球价值链不断攀升的态势,但DVAR_ INT、DVAR_ INTrex与其他三国相比仍有较大的差距。

综上所述,得出以下结论。

一是从全球层面看,2000~2019年全球制造业DVAR呈下降趋势。DVAR_ FIN最大,其次是DVAR_ INT,最后是DVAR_ INTrex。2000~2019年DVAR_ FIN、DVAR_ INT下降趋势明显,DVAR_ INTrex逐渐上升。另外,从不同技术行业来看,低技术制造业DVAR_ FIN最高,高技术制造业DVAR_ INTrex增速大于低技术制造业。

二是从国别层面来看,制造业总体以及高、中、低技术密集行业DVAR下降的经济体远多于上升的经济体,在62个经济体中,制造业总体43个经济体下降,高技术行业42个经济体下降,中等技术行业41个经济体下降,低技术行业47个经济体下降。从各经济体出口国内增加值率的结构组成上看,对于大部分国家来说,制造业总体以及高、低技术行业中DVAR_ FIN在各国各项DVAR中数值最大,中等技术行业则是DVAR_ INT数值最大。另外,从中国发展情况来看,中技术制造业DVAR_ INTrex数值要高于低技术与高技术制造业。

三是从对中、日、美、德四个重点国家的分析来看,与其他三国的下降趋势不同,中国近年来在制造业总体以及低、中、高技术行业的 DVAR 均出现了不同程度的上升趋势。从结构组成上看,DVAR_ FIN 数值下降,DVAR_ INTrex 上升明显。另外,美国、德国、日本 DVAR 出现不同程度下降趋势,但其仍然保持着较高的 DVAR 水平,特别是 DVAR_ INTrex 数值较大。

第四章 数字服务贸易自由化对制造业出口国内增加值率影响的理论分析

结合服务贸易自由化以及出口国内增加值率的相关理论，从制造业总体出口国内增加值率与制造业分行业出口国内增加值率两个层面来研究数字服务贸易自由化对制造业出口国内增加值率影响的作用机制。

第一节 数字服务贸易自由化对制造业总体出口国内增加值率的影响机制

数字服务贸易自由化通过技术竞争效应与协同渗透效应促进数字化水平提升，进而降低制造业成本与提高生产柔性，促进创新，最终促进出口国内增加值率提升。

一 数字服务贸易自由化直接促进国内创新

随着国内外数字服务竞争日趋激烈，国内数字服务企业为增强竞争优势会加大创新力度。此外，通过优胜劣汰，国内可以把优势资源集中到数字服务效率更高的部门，提升国内数字服务整体水平。数字服务贸易自由化会通过一系列技术外溢效应、复制效应和技术吸收后的再创新效应，实现本国技术的革新与创新。首先，数字服务贸易自由化会带来扩大的技术外溢效应从而促进创新。随着数字服务贸易自由化程度的不断提高，生产要素在国与国之间的流动更加自由畅通，通过资本、先进管理经验以及先进生产技术所产生的一系列外溢效应在交易中逐渐显现，形成较大的数字服务贸易自由化技术外溢效应。商业存在形式的数字服务贸易还伴随着研发创新、人员的密切接触、国际标准的引进[1]，从而带动一国技术水平的不断提升与创新的发生。其次，数字服务贸易自由化带来技术的示范复制效应促进创新。随着数字服务贸易自由化的深化，本国数字服务市场上的数字服务种类会不断增加。数字服务市场上的企业在与同行的竞争中，会接触到同类的不同服务或不同类型的新服务。国内企业会通过学习以及跟随模仿，掌握这些新服务，从而扩大自己的服务种类，这就是复制效应[2]。一国在实现技术复制效应的过程中吸收他国先进的技术经验并通过一系列的改良与创新为己所用，即对技术进行再开发与创新，促进技术的更新换代，并借此创造出新的数字服务项目获取更大的利润，这便是技术的再创新效应。

---

[1] Findlay R., "Relative backwardness, direct foreign investment, and the transfer of technology: A simple dynamic model", *The Quarterly Journal of Economics*, 1978, 92 (1): 1-16.

[2] 张楠：《服务贸易自由化经济增长效应的产生路径——基于日本通信服务贸易引力模型的SVM测算》，《沈阳工业大学学报》（社会科学版）2013年第1期，第17~24页。

第四章　数字服务贸易自由化对制造业出口国内增加值率影响的理论分析

此外，数字服务贸易自由化可以通过市场规模的扩大促进生产率的增长①，将贸易自由化对生产率增长的影响分解为规模经济效应、冗余效应以及分配效应后，贸易自由化的提高会减少冗余效应并增加规模经济效应，而且这两种效应都会促进生产率的增长②。数字服务贸易自由化能够吸引他国数字服务从而使本国市场扩大形成规模效应，而制造业可以通过规模经济相应地降低交易成本和生产成本，有助于提升效率，促进制造业创新，并向产业链高端攀升③。

二　数字服务贸易自由化通过制造业数字化间接促进创新

（一）数字服务贸易自由化提升数字化

1. 促进技术竞争效应

数字服务贸易自由化有利于促进国内外数字服务的竞争力提升，通过数字服务的优胜劣汰，提升国内数字服务的竞争力。对于市场保护程度较高的国家来说，数字服务贸易市场的准入壁垒相对较高，这将在一定程度上制约国外数字服务企业的进入，也会阻碍国内新的数字服务贸易企业的发展。市场的开放，即数字服务贸易自由化的深化，将降低市场准入门槛，随着国内市场数字服务贸易企业数量的增加和市场竞争的深化，竞争效应将为国内市场带来种类更多、效率更高、价格更低的服务和技术，从而更好地组织制造

---

① Helpman E., Krugman P., Market structure and foreign trade: Increasing returns, imperfect competition, and the international economy, MIT press, 1987.
② Rivera-Batiz L. A., Romer P, M., "Economic integration and endogenous growth", *The Quarterly Journal of Economics*, 1991, 106 (2): 531-555.
③ 邓晶、张文倩：《生产性服务贸易自由化对制造业升级的影响——基于全球价值链视角》，《云南财经大学学报》2015年第6期，第45~49页。

业生产，提高全要素生产率①。此外，市场竞争效应的发挥能够促进国内生产技术的更新换代与创新，从而进一步提升本国制造业数字化水平。

2. 促进协同渗透效应

国内外的数字服务在竞争与不断创新过程中，也会加大其向制造业协同渗透的力度，从而作为制造业中间投入品或协调各个价值链环节有效运行的润滑剂等，提升制造业数字化水平。首先，数字服务业具有高知识密集程度和技术密集程度的特点，通过扩大数字服务贸易自由化程度，引进国外先进的数字服务业，可以向东道国制造业投入更多数字服务增加值，促进制造业数字化升级。其次，数字服务贸易自由化规模的不断扩大会带动制造业在研发设计环节、生产制造环节、营销及售后服务环节实现数字效能的更好发挥，带动制造业数字化转型。

（二）制造业数字化发展进一步促进创新

数字经济本质上就是创新型经济，在数字技术高速发展的今天，数字化可以通过降低企业成本、提高生产柔性，促进创新，进而提高市场竞争力与综合比较优势，对产业转移产生影响。

1. 数字经济发展要求持续创新

（1）数字经济时代需求方规模经济与正反馈的重要性

根据梅特卡夫法则与马太效应描述的规模至上原则，工业互联网平台或数字经济平台，由于存在网络外部性，哪个平台的规模更大，其消费者规模就会越来越大，消费该产品带给每个消费者的协

---

① 张艳、唐宜红、周默涵：《服务贸易自由化是否提高了制造业企业生产效率》，《世界经济》2013年第11期，第51~71页。

同价值与效用就越大,不仅会出现供给方规模经济,使企业的成本进一步降低,也会出现需求方规模经济,给消费者带来更大的协同价值与效用①。故随着消费既有商品人数的规模增长,消费者的转移成本也越来越大,存在被既有产品锁定的可能,逼迫消费者消费产品路径依赖的形成,从而也对原产品形成正反馈,出现强者愈强、弱者愈弱,赢者通吃成为行业标准,输者满盘退出市场的局面。

(2)需求方规模经济与正反馈又取决于创新能力

不同的企业能否形成需求方规模经济与正反馈,就取决于此企业产品能否成为行业标准。如果不能成为标准,就不会吸引更多的消费者从而实现更大的需求方与供给方规模经济。而要成为行业标准,根据达维多定律与格罗夫定律,只能通过快速地持续创新。与传统经济中在既有技术框架下的质量战和价格战有诸多不同,数字经济要求创立新的技术框架,不断推翻旧产品,创造更多性价比更高的新产品与新服务,降低或打破消费者转移成本的约束,才能突破锁定与路径依赖,扩大新产品或服务的安装基础,直至成为新的技术标准。所以数字经济时代由于都希望通过创新成为新的标准,谁能够更快速地持续创新,谁就能引领市场的趋势,成为行业的标准。此外,在数字经济时代,经过清洗、加工的数据成为信息,再

---

① Shapiro C., Varian H. R., Carl S., *Information rules: A strategic guide to the network economy*, Harvard Business Press, 1998. Lee S. Y. T., Guo X. J., Information and communications technology (ICT) and spillover: A panel analysis//Econometric society 2004 far eastern meetings. Econometric society, 2004. 张铭洪:《网络经济学教程》(第二版),北京科学出版社,2017。王永进、匡霞、邵文波:《信息化、企业柔性与产能利用率》,《世界经济》2017年第1期,第67~90页。

经过整理成为知识,进入生产过程,指导企业决策并成为生产过程中的关键生产要素①。而知识就来源于创造与创新,只有持续创新才能不断产生新的知识,投入新的生产实践,为经济运行提供更大动力支持。最后,为满足消费者个性化需求,产品与技术甚至制度也需要不断升级与创新,在制度创新与创新型人才的作用下,技术更新换代速度日益加快,产品生命周期不断缩短,新产品与服务也快速推陈出新,这样才能更有效地满足消费者的需求。

2. 制造业数字化有助于促进创新

数字化不仅倒逼企业降低中间浪费和冗余,实现成本节约与精益生产,推动企业产品创新,同时也可助力企业数字化流程再造,使组织结构趋于扁平,实现柔性生产与流程创新。

(1) 数字化有助于降低成本、促进创新

数字经济属于虚拟性经济,数字化通过虚拟网络上的数据流动与信息传递、虚拟仿真与模拟代替现实世界实物商品的物理实验,不仅使复杂的生产活动得以简化,也大大减少了生产过程中的实物消耗,提高了生产效率,促进了创新水平与速度的提升。虽然网络虚拟不可能完全取代整个物理世界,但在整个生产过程中,现实物理世界越来越依赖于虚拟信息仿真与模拟,虚拟经济越来越主导整个生产与经济活动,在经济社会运行中的地位越来越突出,而这恰恰是因为虚拟性体现出了数字经济区别于传统农业与工业经济的低成本优越性。

第一,降低要素与环境成本。在数字全球化时代,数据作为数字经济时代最关键的资源,经过清洗、筛选、加工、处理后就变为

---

① 韩耀、唐红涛、王亮:《网络经济学》,北京高等教育出版社,2016。

指导制造企业决策的信息与知识,作为一种生产要素其本身在产品生产过程中的作用日益突出,故消费者需求数据的收集、筛选、加工与整理,成为促进创新的重要源泉①。由于数据的可分享性、非竞争性与非排他性,产品多样化的成本不断降低。根据摩尔定律与吉尔德定律的速度至上原则,只有通过利用成本更低的数据与网络资源,才能实现快速的持续创新,提升产品更新换代的速度,缩短产品生命周期,不断满足消费者日益变化的消费需求。此外,其与其他生产要素一起组成新的要素组合,促进要素优化配置,也可提高其他生产要素的效率,降低企业使用要素成本。随着制造业数字化进程的加快,更多的数据要素替代传统要素与资源,也减少了传统制造业对非可再生资源消耗的依赖,减少了对环境和生态的冲击,从而降低能源和环境成本,推动可持续发展与创新实现②。

第二,降低交易与供应链成本。数字经济本身属于开放型与全球型经济,在数字技术作用下,传统产业数字化升级进程中,数字技术网络打破了由分工专业化程度加深导致协调成本增加的约束,不仅突破了物理距离,降低空间约束,也打破了时效约束,降低时滞,使信息传递与协调突破了时空距离,大大降低信息不对称与交易成本。此外,在数字经济时代,随着人均收入水平的不断提高,个性化、即时型消费需求也大量迸发,进而推动更低成本的、消费

---

① Grant R. M., "Prospering in dynamically-competitive environments: Organizational capability as knowledge integration", *Organization Science*, 1996, 7 (4): 375-387. 王龙伟、李垣、刘益:《信息交流、组织能力与产品创新的关系研究》,《研究与发展管理》2006年第4期,第8~14页。

② 张三峰、魏下海:《信息与通信技术是否降低了企业能源消耗——来自中国制造业企业调查数据的证据》,《中国工业经济》2019年第2期,第155~173页。

者驱动生产制造的C2B商业模式逐渐成为社会的主流。与之前大批量、标准化流水线生产同质化产品，再经过层层的分销、批发、物流配送最终才到达消费者手中不同，现在数字平台把消费者与生产者直接联系起来，消费者只要在网络终端输入产品型号、款式、颜色等信息，平台就可把订单信息传送给生产方，生产方开始物料采购、生产制造，再把生产好的产品通过智慧物流直接配送到消费者手中。这既降低了信息搜寻与协调成本，也降低了信息不对称程度，减少了传统经济下厂商为市场生产，而不是直接为消费者生产的浪费与冗余，使企业的供应链成本大为降低。

（2）数字化有助于提高生产柔性，促进创新

随着传统产业的生产数字化，大数据、云计算、物联网、人工智能等数字技术在传统产业的应用范围不断扩大，不仅促进了传统产业的技术进步，大大降低不同部门之间的沟通与协调成本，关键也促进了企业生产过程与组织行为的变革与创新，从而使原来为信息传递而搭建起的集权式的科层级组织结构逐渐土崩瓦解，进而转向更加分权的扁平分散式结构，与此同时，企业生产过程因信息的沟通与传递更加便捷也更具柔性，企业生产的灵活性也进一步提高，从而促使企业的整个生产流程与组织管理方式都实现了革新，数字化、智能化与柔性化的理念也应运而生，整个生产制造过程的复杂性与灵活性也得以提升。

随着数字化水平提升，个性化定制逐渐成为消费者的主流选择，C2B平台还要具备满足消费者个性化定制、多样化需求的能力，这就要求生产线与原来刚性的大规模的流水线有本质的不同，既要灵活，又可无条件复制，从而使规模化的成本节约与满足消费者个性化需求相结合，实现可大规模个性化定制的柔性生产模式。

如之前生产厂家把产品通过层层批发与分销、配送，送达消费者手中，生产者通过订单量的多少，才能了解到消费者的需求，信息往往要滞后几个月，而现在通过在线平台、大数据分析，可适时直接了解消费者的定制化需求，再通过柔性生产方式，既降低了库存成本，也可把大量的资金投入满足消费者定制需求的新产品上，消费者甚至可参与到产品的设计过程中，从而大大提高产品被接受的概率，降低产品创新风险，也大大缩短了产品的研发周期与进入市场的时间。数字化有助于实现柔性化生产与精益化生产，既达到了可即时满足消费者需求的柔性生产，又实现了零库存的精益生产，既可满足更多消费者的长尾需求，也可扩大新产品的销售市场范围，从而激发企业持续创新的动力。

三 创新能力提升，促进制造业出口国内增加值率提升

数字化带来的竞争效应、示范效应、产业关联效应等促使企业降低成本与提高柔性，不断学习新知识、改进技术、开发新市场，进而提升综合比较优势与竞争力[1]。借助数字技术，企业对前沿技术的模仿和学习更加便捷高效，促进企业的工作重心向产品创新转移，提高产品附加价值，进而提高中间产品加工能力以及产品市场竞争力，促进核心零部件及半成品等中间产品的生产环节和工序承接，减少对加工组装环节的承接，提升在全球生产网络中的前向参与度，降低后向参与度，提升分工地位与出口国内增加值率。

数字技术可以提高企业对庞杂市场信息的筛选和获取能力，通

---

[1] 田毕飞、陈紫若：《创业对中国制造业全球价值链分工地位的影响》，《中南财经政法大学学报》2018 年第 4 期，第 146~156 页。

过数字技术甄选、挖掘消费需求信息，能够更加精准及时地了解目标客户群体的需求。通过充分挖掘生产环节中大量数据信息的深层价值，保证企业获得信息的准确性和高效性，从而对整个生产过程和环节进行持续优化和再造，促进企业流程创新。数字技术的应用使得数字化、智能化、柔性化生产成为可能，不但促进了全球生产网络分工向着更加精细化方向发展，而且带来了生产协作方式的改善优化和创新，使研发设计、生产制造、营销服务等环节的运行效率得到明显提升[①]。可为承接核心零部件及半成品等中间产品的生产环节和工序创造良好条件，进而减少最终需求驱动型产业转移承接，增加更多中间需求和出口需求驱动型产业转移承接，同时提升制造业在全球生产网络中的前向参与度，降低其后向参与度，促进分工地位与出口国内增加值率的进一步提升，如图4-1所示。

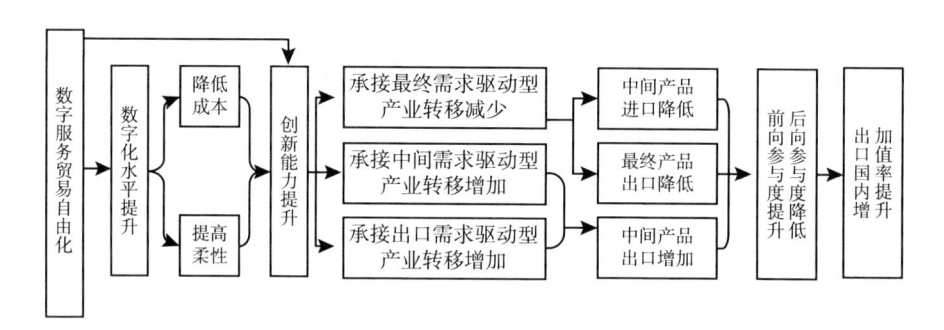

图4-1 数字服务贸易自由化对出口国内增加值率影响的作用机制

从具体的数字服务贸易行业来看，一是ICT服务能够降低生产信息通信与沟通的成本，从而更好地协调制造业价值链各环节的联

---

① 肖旭、戚聿东：《产业数字化转型的价值维度与理论逻辑》，《改革》2019年第8期，第61~70页。

系，同时也能够创新商业运营模式，提高交易的效率以及产业的生产效率，从而促进制造业出口国内增加值率的提升。二是金融保险服务能够降低产业的融资成本，促进各环节创新，提高产业运作效率及市场活力，提升一国的出口国内增加值率。三是知识产权服务能够使产业更好地利用专利资源，激励创新及研发技术水平的提升，从而提升产业国际竞争力，进一步促进出口国内增加值率提升。另外，提升知识产权服务的发展水平能够推动知识产权保护，提高知识产权司法效率从而维护市场公平的竞争秩序。四是其他商业服务以及个人文娱服务贸易的发展能够减少产业发展各环节的成本，提升制造业生产效率，促进创新与研发行为的发生，从而促进一国出口国内增加值率的提高。

综上，数字服务贸易自由化会对制造业出口国内增加值率提升产生正向的促进作用，特别是中间产品附加值较高的简单价值链以及分工程度更为细化的复杂价值链环节，数字服务贸易自由化更易通过技术竞争、国内创新以及协同渗透的作用对其出口国内增加值率提升产生促进作用。但由于现状分析中发现传统贸易出口国内增加值率始终是出口国内增加值率的最大组成部分，从而对总出口国内增加值率产生重要影响，又考虑到数字服务贸易自由化对总体出口国内增加值率的影响存在一定的不确定性：如果数字服务贸易自由化对于制造业传统出口国内增加值率的影响仅停留在国外数字服务中间投入增加层面，那么国外增加值率提升的同时，出口国内增加值率就会下降；如果对于传统贸易出口国内增加值率已经发挥出技术溢出效应与生产效率提升效应，那么出口国内增加值率就会提升。因此，综合数字服务贸易自由化对全球价值链出口以及传统贸易出口国内增加值率的影响，提出本书的总假设：数字服务贸易自由化对制造业总出口国内增加值率提升的影响不确定。

第二节　数字服务贸易自由化对制造业分行业出口国内增加值率的影响差异

因分工深化程度、对数字服务的依赖程度不同，数字服务贸易自由化对不同技术密集型制造业出口国内增加值率提升的影响具有异质性。由于总假设中提出数字服务贸易自由化对总体出口国内增加值率提升影响的不确定性，分行业研究将重点放在数字服务贸易自由化对高、低、中不同技术密集型制造业全球价值链出口国内增加值率的影响差异上。

一　低技术制造业

低技术制造业分工细化程度较小，数字服务协调其价值链环节与中间投入的潜力较大。低技术制造业本身数字服务化程度较低，数字服务贸易自由化程度的提高，导致其价值链数字服务化程度的大幅提高，对其生产率与出口国内增加值率的提升会产生较大边际效应。所以，数字服务贸易自由化对低技术制造业全球价值链出口国内增加值率的影响最大。

因此，提出分假设1：数字服务贸易自由化对低技术制造业全球价值链出口国内增加值率提升的影响作用最大。

二　高技术制造业

高技术制造业由于其分工更为细化，工序环节分布地域更广，而且更多涉及两个以上国家的跨境生产，以复杂价值链为主，全球生产网络中不同环节的协调更加复杂，所以其对数字服务的需求更大，特别是对数字服务的质量、精准度等要求较高。但是，由于本身数字服务程度最大，相对于低技术行业来说数字服务贸易自由化对出口国内增加值率提升的边际效应就相对有限。综合考量后，数字服务贸易自由化程度的提升对其全球价值链出口国内增加值率的提升作用可能略低于低技术制造业。

因此，提出分假设2：数字服务贸易自由化对高技术制造业全球价值链出口国内增加值率的影响作用较大。

三 中技术制造业

中技术制造业，由于其大多属于流程型制造业，相对于高、低技术制造业本身价值链条较短，国际分工大多以进口国进口半成品之后经简单加工直接吸收的简单价值链为主，所以与高技术制造业复杂价值链相比其对数字服务中间投入与协调价值链环节的要求较低。而其与低技术制造业相比，本身数字服务化水平又相对较高，数字服务贸易自由化程度对其出口国内增加值率影响的边际效应又相对较小，故数字服务贸易自由化对中技术制造业价值链出口国内增加值率提升的影响最小。

因此，提出分假设3：数字服务贸易自由化对中技术制造业全球价值链出口国内增加值率提升的影响作用最小。

第五章　数字服务贸易自由化对制造业出口国内增加值率影响的实证分析

本章在上述研究基础之上，构建计量模型，选取 57 个经济体 2007~2019 年的数据就数字服务贸易自由化对制造业出口国内增加值率提升的影响进行实证检验。

第一节　模型设定与变量选择

将前文现状分析中 UNCTAD 数据库中 58 个经济体的数字服务贸易份额数据与 ADB-MRIO 数据库中 62 个经济体的出口国内增加值率数据进行匹配，最终选取中国、美国、英国、日本等 57 个经济体 2007~2019 年的相关数据，将各经济体制造业出口国内增加值率作为被解释变量，将数字服务贸易份额（Free）作为衡量数字服务贸易自由化的解释变量，参考陈虹和徐阳的研究[1]，构造如下

---

[1] 陈虹、徐阳：《贸易自由化对出口国内增加值率的影响研究——来自中国制造业的证据》，《国际经贸探索》2019 年第 6 期，第 33~48 页。

第五章　数字服务贸易自由化对制造业出口国内增加值率影响的实证分析

模型。

$$\ln Dvar_{it} = \beta_0 + \beta_1 \ln Free_{it} + \beta_2 \ln RD_{it} + \beta_3 \ln OFDI_{it} + \beta_4 \ln GDP_{it} + \beta_5 \ln SCA_{it} + \xi_{it} \tag{5.1}$$

其中，i 为国家，t 为时间，β_i 为参数，ξ_{it} 为随机误差项。在参考相关研究[①]的基础上，选取研发强度（RD）、对外直接投资（OFDI）、国内生产总值增长率（GDP）、行业规模（SCA）作为控制变量。

1. 被解释变量与解释变量

被解释变量为制造业出口国内增加值率（DVAR），在具体实证分析时，运用 ADB 数据库测算出的 2007~2019 年各经济体的出口国内增加值率数据，并分为制造业总出口国内增加值率 DVAR、传统贸易出口国内增加值率 DVAR_FIN、简单价值链贸易出口国内增加值率 DVAR_INT 及复杂价值链贸易出口国内增加值率 DVAR_INTrex 分别回归。解释变量为数字服务贸易自由化程度（Free），虽然 OECD 数字服务贸易限制指数能够在一定程度上反映数字服务贸易自由化程度，但其年份较短且数值变动程度小，另外，近年来有学者提出用欧美国家构建的数字服务贸易限制指数虽然有助于了解不同的政策对数字服务贸易的限制程度，但用其衡量的数字服务贸易自由化程度，与实际的数字服务贸易自由化存在一

---

① 魏悦羚、张洪胜：《进口自由化会提升中国出口国内增加值率吗——基于总出口核算框架的重新估计》，《中国工业经济》2019 年第 3 期，第 24~42 页；邓晶、张文倩：《生产性服务贸易自由化对制造业升级的影响——基于全球价值链视角》，《云南财经大学学报》2015 年第 6 期，第 45~49 页；冯晓华、陈岚、骆哲翀：《中国高技术制造业出口国内增加值的测算及影响因素分析》，《南华大学学报》（社会科学版）2018 年第 5 期，第 79~87 页。

定差距，特别是不能客观准确地衡量发展中经济体的数字服务贸易自由化程度①，因此，在实证过程中，最终选用数字服务贸易份额作为解释变量。

2. 控制变量

(1) 研发强度 (RD)

用世界银行世界发展指数 (WDI) 数据库中各经济体研发经费占 GDP 的比重来衡量各经济体的研发强度。这里的研发支出是指较为系统性地进行创新工作时的经常支出和资本支出，包括国家的和私人的。研发支出的目的是提升包括文化、社会知识等在内的知识水平，并将知识应用于新的产业发展中。研发投入的增加会在一定程度上提升一国制造业出口国内增加值率，特别是复杂价值链的出口国内增加值率。

(2) 对外直接投资 (OFDI)

用世界银行世界发展指数 (WDI) 数据库中各经济体对外直接投资净流出占 GDP 的比重来衡量。对外直接投资的增加会带来一系列的竞争及学习效应，会促进本经济体制造业产业结构及生产技术等的提升，进而提升经济体制造业出口国内增加值率。

(3) 国内生产总值增长率 (GDP)

用世界银行世界发展指数 (WDI) 数据库中各经济体的 GDP 增长率表示。GDP 的增长率可反映经济发展程度，在一定程度上会影响制造业的出口国内增加值率。

---

① Ferracane M. F., Lee-Makiyama H., Van Der Marel E., Digital trade restrictiveness index, European Center for International Political Economy, Brussels: ECIPE, 2018. 白丽芳、左晓栋：《欧洲"数字贸易限制指数"分析》，《网络空间安全》2019 年第 2 期，第 41~48 页。

(4) 行业规模 (SCA)

用世界银行世界发展指数 (WDI) 数据库中各经济体制造业出口占比来衡量各经济体制造业行业规模。经济体制造业的出口占比越大，表示其具有较强的比较优势，其出口国内增加值率也越高。

第二节 实证检验与结果分析

一 单位根检验

在上文设定模型（5.1）的基础上，运用软件 STATA.16 就数字服务贸易自由化对制造业出口国内增加值率的影响作用进行计量分析。为了保证变量数据的稳定性，首先对各变量进行单位根检验，考虑数据为短面板，选用 Hadri 法进行检验，由表 5-1 中可以看出，所有变量的 P 值都为 0.0000，强烈拒绝存在单位根的原假设，一定程度上说明选用的变量数据是平稳的。

表 5-1 单位根检验

变量名称	HT 检验		结果
	统计量	P 值	
$\ln DVAR$	0.307	0.000	平稳
$\ln DVAR\_FIN$	0.307	0.000	平稳
$\ln DVAR\_INT$	0.234	0.000	平稳
$\ln DVAR\_INTrex$	0.233	0.000	平稳
$\ln Free$	0.204	0.000	平稳
$\ln RD$	-0.248	0.000	平稳
$\ln OFDI$	-0.001	0.000	平稳
$\ln GDP$	0.096	0.000	平稳
$\ln SCA$	0.291	0.000	平稳

资料来源：由 STATA 软件测算得出。

二 相关性检验

单位根检验后,首先对解释变量与被解释变量进行简单的相关性分析,看两者之间是否存在相关性。

如表5-2所示,从各变量的相关性来看,数字服务贸易自由化与制造业总体、传统贸易出口以及简单价值链贸易出口国内增加值率呈现显著负相关关系,其中与传统贸易出口国内增加值率的负相关性系数最大,而与复杂价值链贸易出口国内增加值率则呈现显著正相关关系。从不同技术密集型行业来看,数字服务贸易自由化与低、中、高技术制造业的复杂价值链贸易出口国内增加值率均呈正相关关系,其中与高技术制造业复杂价值链贸易出口国内增加值率相关性最大。相关性结果说明数字服务贸易自由化与制造业出口国内增加值率之间确实存在相关关系,但具体的因果关系需要进一步计量检验。

表5-2 数字服务贸易自由化与制造业出口国内增加值率相关性分析

总体	相关系数	高技术	相关系数	中技术	相关系数	低技术	相关系数
DVAR	-0.254***	hDVAR	-0.139***	mDVAR	-0.246***	lDVAR	-0.239***
DVAR_FIN	-0.355***	hDVAR_FIN	-0.240***	mDVAR_FIN	-0.222***	lDVAR_FIN	-0.336***
DVAR_INT	-0.104***	hDVAR_INT	-0.001	mDVAR_INT	-0.201***	lDVAR_INT	0.05
DVAR_INTrex	0.142***	hDVAR_INTrex	0.253***	mDVAR_INTrex	0.046	lDVAR_INTrex	0.175***

注:*** 表示在1%的置信水平下显著。
资料来源:由STATA软件测算得出。

三 总体样本检验

单位根及相关性检验结束后,首先对模型进行 F 检验,结果拒绝采用混合回归模型,因此通过 Hausman 检验确定模型选用固定效应还是随机效应模型分析。从数字服务贸易自由化对制造业总体出口国内增加值率的回归入手,设定 5 个回归模型,如表 5-3 所示,模型(2)~(5)为依次加入控制变量研发强度(RD)、对外直接投资(OFDI)、国内生产总值增长率(GDP)及行业规模(SCA)后的回归结果。(1)与(2)模型 Hausman 检验后 P 值大于 0.05,选择随机效应模型(RE),其余三个模型选择固定效应模型(FE)。从表中可以看出,第一行数字服务贸易自由化(Free)对制造业总体 DVAR 为显著负向影响,在加入控制变量后,结果没有发生太大变化,这与相关性分析所得的结果一致,说明数字服务贸易自由化对于制造业出口国内增加值率的影响仅停留在国外数字服务中间品投入增加层面,其对制造业生产率提升的深层次作用还没有充分体现,因此呈现显著的负向影响。另外,理论总假设部分提出了可能是数字服务贸易自由化对传统贸易出口国内增加值率影响的不确定性导致数字服务贸易自由化对制造业出口国内增加值率的影响不确定,因此,具体负向影响是由哪一分项国内增加值率导致还需进一步分析。

从控制变量的回归结果来看,除了研发强度 RD 外,其余变量回归结果都通过了 5% 水平上的显著性检验,其中对外直接投资 OFDI 对于制造业出口国内增加值率的提升为显著的正向作用,这说明对外直接投资的增加能够带动更多半成品与零部件等高附加值产品出口,促进东道国制造业产业结构的优化以及生产管理等技术的提升,进而提升制造业的出口国内增加值率。与预期不同的是,国内生产总值增长率与制造业行业规模对出口国内增加值率产生了较为显著的负向影响，可能是因为一国经济增速越快，制造业行业规模越大，参与全球价值链程度较高，特别是后向参与度较大，出口中国外增加值率较高，进而表现出对国内增加值率的负向影响。另外，研发强度对制造业出口国内增加值率表现为不显著的负向影响，一国研发投入的增加应该能够对一国制造业技术水平与出口国内增加值率的提升产生正向作用，之所以出现不显著的情况可能是研发成果没能得到有效转化并广泛应用到制造业生产中，进而对出口技术复杂度与国内增加值率提升表现为负向影响。

表 5-3　数字服务贸易自由化对制造业 DVAR 的影响

	（1）	（2）	（3）	（4）	（5）
ln Free	-0.071*** (-3.79)	-0.069*** (-3.69)	-0.062*** (-3.13)	-0.066*** (-3.30)	-0.074*** (-3.69)
ln RD		-0.012 (-1.64)	-0.011 (-1.51)	-0.011 (-1.50)	-0.010 (-1.41)
ln OFDI			0.007** (2.32)	0.007** (2.38)	0.008*** (2.64)
ln GDP				-0.008** (-2.03)	-0.009** (-2.11)
ln SCA					-0.067*** (-3.23)
Cons	-0.555*** (-14.47)	-0.552*** (-14.32)	-0.547*** (-24.33)	-0.542*** (-24.08)	-0.283*** (-3.38)
Obs	741	741	741	741	741
Num	57	57	57	57	57
Hausman（P 值）	0.792	0.944	0.000	0.000	0.000
模型	RE	RE	FE	FE	FE

注：*、**、*** 表示在 10%、5%、1% 的置信水平下显著，括号中为 Z 值。

为了进一步研究数字服务贸易自由化对一国制造业不同分项出口国内增加值率的影响差异，分别就数字服务贸易自由化对制造业传统贸易出口、简单价值链及复杂价值链贸易出口国内增加值率的影响进行检验。从表5-4中可以看出，控制变量对传统贸易出口与复杂价值链贸易出口国内增加值率的影响都变得不再显著，这说明这些变量对于这两项出口国内增加值率来说并不是主要的影响因素。控制变量主要对简单价值链贸易出口国内增加值率的影响较为明显，趋势与总体回归结果类似，具体原因不再赘述。

表5-4 数字服务贸易自由化对制造业出口国内增加值率的影响

	DVAR_FIN	DVAR_INT	DVAR_INTrex
ln$Free$	-0.195*** (-6.51)	-0.071** (-2.08)	0.021* (0.68)
lnRD	0.008 (0.75)	-0.029** (-2.26)	-0.003 (-0.26)
ln$OFDI$	0.003 (0.62)	0.022*** (4.20)	0.001 (0.14)
lnGDP	-0.010 (-1.63)	-0.026*** (-3.71)	-0.004 (-0.62)
lnSCA	0.009 (0.30)	-0.193*** (-5.40)	0.009 (0.27)
$Cons$	-1.586*** (-12.64)	-0.932*** (-6.49)	-1.966*** (-15.18)
Obs	741	741	741
Num	57	57	57
Hausman(P值)	0.000	0.003	0.000
模型	FE	FE	FE

注：*、**、*** 表示在10%、5%、1%的置信水平下显著，括号中为Z值。

从主变量的结果来看，数字服务贸易自由化对于传统贸易出口及简单价值链贸易出口国内增加值率提升表现为显著负向影响，而对于复杂价值链贸易出口国内增加值率提升具有较为显著的正向影响。从系数来看，传统贸易出口国内增加值率的系数为-0.195，简单价值链为-0.071,复杂价值链为0.021。以上结果与前文中考虑数字服务贸易自由化对传统贸易出口国内增加值率负向影响,导致对总出口国内增加值率影响不确定的假设大体相符。数字服务贸易自由化与制造业总出口国内增加值率呈现负向影响的原因,可能是数字服务贸易自由化对制造业总出口国内增加值率的正向作用仅表现在技术要求较高的复杂价值链上,对于传统贸易出口及简单价值链贸易出口国内增加值率的提升还没有显现出来。另外,复杂价值链贸易出口国内增加值率的大小才是真正能够反映一国制造业的技术水平与发展程度,进而真正反映一国制造业全球价值链地位的主要指标。表中结果说明数字服务贸易自由化对于一国制造业出口国内增加值率的正向影响,主要表现在对复杂价值链贸易出口国内增加值率的提升上。

四 变量替换检验

为了保证前述回归估计结果的稳定性和可靠性,本部分利用数字服务出口份额($\ln Ex$)与数字服务进口份额($\ln Im$)作为解释变量,进行变量替换检验。如表5-5所示,与前述回归结果进行对比后发现,核心解释变量、被解释变量与控制变量的方向性和显著性基本一致,从而说明了前述回归结果的稳健性。

表5-5 稳健性检验结果

$\ln Free$	$\ln RD$	$\ln OFDI$	$\ln GDP$	$\ln SCA$	$Cons$
-0.074***	-0.010	0.008***	-0.009**	-0.067***	-0.283***
(-3.69)	(-1.41)	(2.64)	(-2.11)	(-3.23)	(-3.38)
$\ln Ex$	$\ln RD$	$\ln OFDI$	$\ln GDP$	$\ln SCA$	$Cons$
-0.034**	-0.011	0.008***	-0.007*	-0.065***	-0.252***
(-2.32)	(-1.42)	(2.78)	(-1.83)	(-3.10)	(-3.02)

续表

ln*Im*	ln*RD*	ln*OFDI*	ln*GDP*	ln*SCA*	*Cons*
-0.084***	-0.011	0.008***	-0.009**	-0.067***	-0.287***
(-4.81)	(-1.43)	(2.55)	(-2.26)	(-3.25)	(-3.45)

注：*、**、*** 分别表示在 10%、5%、1%的置信水平下显著，括号中为 Z 值。

五 分行业样本检验

为了进一步验证第四章的分假设，研究数字服务贸易自由化对不同技术密集型行业全球价值链出口国内增加值率提升影响的差异，把制造业分为低、高、中三类技术密集型行业进行分样本检验。

（一）低技术制造业

由表 5-6 可以看出，从具体的回归系数来看，虽然数字服务贸易自由化对低技术制造业总出口国内增加值率仍然为显著的负向影响，但数字服务贸易自由化对复杂价值链贸易出口国内增加值率表现出了显著的正向影响，同时对于简单价值链为不显著正向影响。数字服务贸易自由化每提升 1 个百分点，便会使一国低技术密集型制造业复杂价值链的贸易出口国内增加值率提升 0.184 个百分点。低技术密集型制造业分工细化程度较小，然而，其利用数字服务协调价值链环节与中间投入的潜力较大，又因本身数字服务化程度较低，数字服务贸易自由化对其出口国内增加率提升影响的边际效应大。所以，数字服务贸易自由化对低技术制造业全球价值链贸易出口国内增加值率产生较大正向影响，这一结果与分假设 1 相符。

表5-6 数字服务贸易自由化对低技术制造业出口国内增加值率的影响

	lDVAR	lDVAR_INT	lDVAR_INTrex
$\ln Free$	-0.086***	0.050	0.184***
	(-5.97)	(0.68)	(4.51)
$\ln RD$	-0.001	-0.040***	-0.006
	(-0.24)	(-2.63)	(-0.39)
$\ln OFDI$	0.005**	0.027***	-0.005
	(2.26)	(4.37)	(-0.85)
$\ln GDP$	-0.005*	-0.023***	-0.002
	(-1.74)	(-2.82)	(-0.21)
$\ln SCA$	-0.047***	-0.061	0.160***
	(-3.13)	(-1.43)	(3.74)
$Cons$	-0.259***	-1.329***	-2.561***
	(-4.27)	(-7.76)	(-14.94)
Obs	741	741	740
Num	57	57	57
Hausman(P值)	0.000	0.017	0.000
模型	FE	FE	FE

注：*、**、*** 表示在10%、5%、1%的置信水平下显著，括号中为Z值。

控制变量研发强度、对外直接投资、国内生产总值增长率对于低技术制造业总出口国内增加值率的回归结果与总体回归相似。但行业规模（SCA）对复杂价值链出口国内增加值率表现出了显著的正向提升作用，这说明一国低技术制造业规模的不断扩大能够产生规模效应从而提升该国制造业的技术水平与生产率，对该国制造业的复杂价值链贸易出口国内增加值率的提升起到正向作用。对于简单价值链贸易出口国内增加值率来说，除了制造业规模结果不显著外，其他控制变量都对低技术制造业的简单价值链贸易出口国内增加值率产生显著影响，其结果与总体制造业回归结果相似。

（二）高技术制造业

由表 5-7 可知，从被解释变量的具体回归系数可知，数字服务贸易自由化对高技术行业总出口国内增加值率仍呈现显著的负向影响，而对于简单价值链贸易出口国内增加值率为不显著正向作用，对复杂价值链呈现显著的正向影响。数字服务贸易自由化每提升 1 个百分点，便会使一国制造业复杂价值链贸易出口国内增加值率提升 0.145 个百分点。这说明数字服务贸易自由化对于高技术制造业全球价值链出口国内增加值率的提升影响作用较为显著，且主要以复杂价值链的形式表现出来。另外，从系数来看，数字服务贸易自由化对高技术制造业全球价值链出口国内增加值率的正向影响作用小于低技术制造业，从而验证了分假设 2。

高技术制造业以知识密集型的制造业为主，一方面，高技术制造业分工细化程度大，对数字服务需求量较大；另一方面，高技术制造业对于数字服务的质量也有更高的要求，因此，数字服务贸易自由化的提高会对高技术制造业的价值链出口国内增加值率提升产生较大的影响。而数字服务贸易自由化对高技术总出口国内增加值率仍呈现负向影响的原因在于数字服务贸易自由化对传统贸易出口国内增加值率为较大的负向影响，这可能是由于数字服务贸易自由化对传统贸易出口国内增加值率的影响还未达到一定门槛值，对其国内增加值率的正向作用还没有充分发挥出来。

控制变量对于高技术制造业的回归结果与总体回归类似，值得注意的是，控制变量对于简单价值链的影响，主要表现为对外直接投资的显著正向作用及国内生产总值增长率的显著负向作用。而对于复杂价值链贸易出口国内增加值率的影响作用大多为显著正向作用，特别是研发强度、对外直接投资及制造业行业规模的提升都会对高技术制造业复杂价值链贸易出口国内增加值率呈现积极的提升作用。通过研发投入的增加、对外直接投资竞争效应的产生以及制造业行业规模提升带来的技术及生产率的提升都会对高技术复杂价值链贸易出口国内增加值率产生显著正向影响。

表 5-7 数字服务贸易自由化对高技术制造业出口国内增加值率的影响

	hDVAR	hDVAR_INT	hDVAR_INTrex
ln$Free$	−0.093***	0.079	0.145**
	(−3.13)	(1.13)	(2.16)
lnRD	−0.008	0.004	0.029*
	(−0.71)	(0.12)	(0.95)
ln$OFDI$	0.006	0.038***	0.024*
	(1.22)	(2.72)	(1.85)
lnGDP	−0.011*	−0.048**	−0.014
	(−1.76)	(−2.49)	(−0.81)
lnSCA	−0.096***	−0.047	0.045*
	(−3.08)	(−0.69)	(0.69)
$Cons$	−0.255**	−1.797***	−2.232***
	(−2.04)	(−6.13)	(−7.87)
Obs	741	741	741
Num	57	57	57
Hausman(P 值)	0.000	0.189	0.109
模型	FE	RE	RE

注：*、**、*** 表示在 10%、5%、1%的置信水平下显著，括号中为 Z 值。

（三）中技术制造业

由表 5-8 可知，从解释变量的系数来看，与低技术制造业不同，数字服务贸易自由化对于中技术制造业的简单价值链贸易出口国内增加值率呈现显著的负向影响，而对于复杂价值链贸易出口国内增加值率则是不显著的负向影响。这与理论分假设 3 稍有不符。究其原因，可能是中技术行业数字服务化水平高于低技术行业，数字服务对制造业出口国内增加值率提升的边际效应低于低技术行业，而其分工细化程度又低于高技术行业，对数字服务的需求相对较低，数字服务对其出口国内增加值率的影响也低于高技术行业，故对价值链出口国内增加值率呈现显著或不显著的负向影响。

这说明数字服务贸易自由化对于一国中技术制造业的出口国内增加值率的提升作用并不明显且对其复杂价值链影响有限，并不是提升中技术制造业复杂价值链贸易出口国内增加值率的主要影响因素。同低技术制造业类似，控制变量主要影响中技术制造业总出口国内增加值率与简单价值链贸易出口国内增加值率，而对于复杂价值链贸易出口国内增加值率的影响均不显著。

表5-8 数字服务贸易自由化对中技术制造业出口国内增加值率的影响

	mDVAR	mDVAR_INT	mDVAR_INTrex
$\ln Free$	-0.058** (-2.21)	-0.173*** (-4.07)	-0.071 (-1.92)
$\ln RD$	-0.026*** (-2.68)	-0.030* (-1.92)	-0.008 (-0.58)
$\ln OFDI$	0.009** (2.16)	0.019*** (3.00)	0.007 (1.29)
$\ln GDP$	-0.008 (-1.42)	-0.018** (-2.12)	0.005 (0.71)
$\ln SCA$	-0.071** (-2.58)	-0.180*** (-4.07)	-0.022 (-0.56)
$Cons$	-0.317*** (-2.87)	-0.857*** (-4.82)	-1.723*** (-11.11)
Obs	741	741	740
Num	57	57	57
Hausman(P值)	0.000	0.001	0.000
模型	FE	FE	FE

注：*、**、***表示在10%、5%、1%的置信水平下显著，括号中为Z值。

六 分经济体样本检验

从前面的分析结果可知,数字服务贸易自由化主要对制造业的复杂价值链贸易出口国内增加值率产生较为显著的影响,故分别研究数字服务贸易自由化对发达经济体与发展中经济体分样本中制造业总体及低、中、高技术三类行业复杂价值链贸易出口国内增加值率的影响。

由表 5-9 中的回归系数可知,对于发达经济体来说,数字服务贸易自由化对低技术与高技术制造业复杂价值链贸易出口国内增加值率产生显著的正向影响,对于制造业总体复杂价值链贸易出口国内增加值率为不显著的负向作用。这说明发达经济体由于技术以及市场方面的优势,数字服务贸易自由化对于其制造业复杂价值链贸易出口国内增加值率的提升发挥了较好的正向促进作用,特别是高技术及低技术制造业方面,数字服务贸易自由化每提升 1 个百分点,低、高技术制造业复杂价值链贸易出口国内增加值率就提升 0.153 个与 0.074 个百分点。对于发展中经济体来说,数字服务贸易自由化对于制造业总体、低、高技术制造业复杂价值链贸易出口国内增加值率提升都显现出正向作用,但只对低技术制造业影响较为显著,数字服务贸易自由化每提升 1 个百分点,其低技术制造业的复杂价值链贸易出口国内增加值率就上升 0.184 个百分点。这说明近年来随着发展中经济体数字服务贸易自由化的发展,其制造业出口国内增加值率也在提升,特别是中国、印度等新兴经济体,近年来在全球出口国内增加值率普遍下降的同时仍实现了正向发展。但仍需注意的是,发展中经济体的数字服务贸易自由化的作用仍主要发挥在低技术制造业的复杂价值链方面,对于高技术层面的正向促进作用还没有充分显现。但从系数上来看,数字服务贸易自由化对发展中经济体复杂价值链贸易出口国内增加值率提升影响的潜力要大于发达国家。

表 5-9 数字服务贸易自由化对不同收入水平经济体制造业 DVAR_INTrex 的影响

变量	发达经济体				发展中经济体			
	总	低技术	中技术	高技术	总	低技术	中技术	高技术
$\ln Free$	−0.065 (−1.00)	0.153* (1.74)	−0.206** (−2.48)	0.074* (1.16)	0.027 (0.69)	0.184*** (3.63)	−0.028 (−0.66)	0.155 (1.53)
$\ln RD$	−0.059*** (−3.30)	−0.074*** (−3.09)	−0.059*** (−2.59)	−0.025 (−1.30)	0.015 (0.96)	0.016 (0.82)	0.010 (0.56)	0.026 (0.54)
$\ln OFDI$	0.008 (1.60)	0.011 (1.18)	0.004 (0.61)	−0.001 (−0.15)	−0.008 (−0.98)	−0.016 (−1.19)	0.004 (0.45)	0.055** (2.31)
$\ln GDP$	−0.001* (−0.13)	−0.006 (−0.87)	0.003 (0.29)	−0.006 (−0.80)	−0.009 (−0.85)	−0.003 (−0.25)	0.007 (0.58)	−0.016 (−0.48)
$\ln SCA$	−0.015 (−0.26)	0.099 (1.28)	0.131* (1.80)	−0.253*** (−4.58)	−0.004 (−0.09)	0.164*** (2.97)	−0.074* (−1.65)	0.121 (1.25)
Cons	−1.872*** (−7.67)	−2.314*** (−7.04)	−2.375*** (−7.66)	−0.912*** (−3.72)	−1.939*** (−11.82)	−2.543*** (−11.76)	−1.505*** (−7.68)	−2.575*** (−6.26)
Obs	338	338	338	338	403	403	403	403
Num	26	26	26	26	31	31	31	31
Hausman （P 值）	0.000	0.006	0.000	0.261	0.003	0.001	0.105	0.392
模型	FE	FE	FE	RE	FE	FE	RE	RE

注：*、**、*** 表示在 10%、5%、1%的置信水平下显著，括号中为 Z 值。

综上所述，得出以下结论。

总样本检验中，数字服务贸易自由化对复杂价值链贸易出口国内增加值率提升为显著的正向促进作用，而对传统贸易及简单价值链贸易出口国内增加值率为负向影响，导致对总出口国内增加值率呈现显著负向影响。

在分行业样本检验中,如表 5-10 所示,数字服务贸易自由化对低技术与高技术制造业复杂价值链贸易出口国内增加值率表现出显著的正向影响,而且对低技术制造业的正向影响要大于高技术制造业,对简单价值链贸易出口国内增加值率为不显著正向影响。

数字服务贸易自由化对中技术制造业复杂价值链贸易出口国内增加值率为不显著的负向影响,对简单价值链贸易出口国内增加值率呈现显著的负向影响。

表 5-10 数字服务贸易自由化对不同行业制造业出口国内增加值率的影响

不同行业	复杂	简单	总体
高技术密集型	显著正	不显著正	显著负
低技术密集型	显著正	不显著正	显著负
中技术密集型	不显著负	显著负	显著负

在分经济体样本检验中,如表 5-11 所示。发达经济体的数字服务贸易自由化对低技术与高技术行业复杂价值链贸易出口国内增加值率为显著的正向影响;发展中经济体的数字服务贸易自由化对于制造业总体、低、高技术行业都显现出了正向影响,但只对低技术行业的正向影响较为显著。从系数来看,数字服务贸易自由化对发展中经济体复杂价值链贸易出口国内增加值率提升影响的潜力要大于发达经济体。

表 5-11 数字服务贸易自由化对不同经济体制造业复杂价值链贸易出口国内增加值率的影响

经济体	总体	低技术密集型	中技术密集型	高技术密集型
发达经济体	不显著负	显著正	显著负	显著正
发展中经济体	不显著正	显著正	不显著负	显著正

第六章　研究结论与对策建议

本章在前几章对数字服务贸易自由化与制造业出口国内增加值率的现状分析、数字服务贸易自由化对制造业出口国内增加值率提升影响的作用机制分析与实证分析的基础上进行结论总结，并针对我国提出通过促进数字服务贸易自由化发展，提升制造业出口国内增加值率的对策建议。

第一节　主要研究结论

数字服务贸易自由化不同指标衡量的结果存在较大差异。从数字服务贸易限制总指数来看，大部分经济体数字服务贸易自由化程度在2014~2020年没有太大变化，以金砖国家与拉美国家为代表的发展中经济体数字服务贸易领域政策措施不断收紧且自由化程度较低，而欧美等发达经济体的数字服务贸易自由化程度较高。从数字服务贸易分政策领域限制指数来看，各经济体在基础设施联通分政策领域的限制措施最多，而在知识产权与支付系统等政策领域的障碍较小。从分项数字服务贸易限制指数来看，全球专业服务贸易限制指数最高且呈逐年上升趋势，其次依次为个人文娱服务、金融保险服务、ICT 服务，且限制性数值逐年下降。发展中经济体在金融保险服务、ICT 服务、个人文娱服务限制程度上高于发达经济体。

从数字服务贸易份额来看：2005~2020 年全球数字服务贸易份额不断提升，并于 2015 年首次超过 50%，数字服务贸易自由化程度不断提升。美、欧、日等发达经济体数字服务贸易份额高于发展中经济体，虽然中国数字服务贸易份额在不断提升，但仍低于美国、德国与日本。

从数字服务贸易条款深度与广度来看，RTA 中的数字贸易条款数呈逐年上升态势，其中电子商务条款数最多，增长也最快，数据自由流动条款数虽少于知识产权条款数，但近年来增速较快，说明不同经济体对促进跨境数据自由流动的重视程度与数字服务贸易自由化水平的不断提升。电子商务条款中的单词数和文章数逐年增加，其增长速度也有所提升，说明全球数字贸易规则广度在不断提升。总体来说，发达经济体总条款的平均深度水平、条款覆盖率和条款广度体现的数字服务贸易自由化水平要远高于发展中经济体，但不同经济体也存在较大差异。

全球制造业出口国内增加值率不断下滑，我国出口国内增加值率不断提升。从全球层面来看，2000~2019 年全球制造业出口国内增加值率呈在波动中下滑的趋势，三个不同技术密集型制造业的出口国内增加值率均在不断下滑，特别是低技术制造业出现下降趋势的经济体数量最多。传统贸易出口国内增加值率在制造业出口国内增加值率中占据主要部分，其次是简单与复杂价值链贸易出口国内增加值率。从经济体层面来看，制造业出口国内增加值率下降的经济体远多于上升的经济体，美国、德国、日本近年来总出口国内增加值率出现不同程度下降趋势，但其复杂价值链贸易出口国内增加值率并没有受到太大的影响，其仍占据制造业全球价值链中高端的位置。中国制造业总出口国内增加值率在不断提升，主要源于简单价值链与复杂价值链贸易出口国内增加值率的持续上升，特别是近年来在制造业总体以及低、中、高技术层面的出口国内增加值率均出现了上升趋势，其中复杂价值链贸易出口国内增加值率上升最为明显。

数字服务贸易自由化主要通过促进国内外数字服务与数字技术竞争、促进国内数字服务创新以及促进国内外数字服务向制造业协同渗透提升制造业数字化水平，促进制造业创新，进而对制造业出口国内增加值率提升产生积极影响，特别是对全球价值链出口国内增加值率提升的积极影响更大。但由于数字服务贸易自由化对占比最高的传统贸易出口国内增加值率的影响不确定，对制造业出口国内增加值率影响不确定。由于不同制造业分工细化程度、数字服务化程度及对数字服务的需求不同，数字服务贸易自由化可能对低技术制造业的积极影响最大，其次为高技术密集型制造业与中技术制造业。

数字服务贸易自由化对复杂价值链贸易出口国内增加值率为显著的正向影响，而对传统贸易出口国内增加值率为负向作用，故数字服务贸易自由化对于总出口国内增加值率呈现显著负向影响，这验证了前文的总假设。数字服务贸易自由化对低、高技术制造业复杂价值链贸易出口国内增加值率表现出了显著的正向影响，同时对于简单价值链贸易出口国内增加值率为不显著正向影响，且数字服务贸易自由化对低技术制造业的正向影响要大于高技术制造业。数字服务贸易自由化对于中技术制造业的简单价值链贸易出口国内增加值率呈现显著的负向影响，对于复杂价值链贸易出口国内增加值率则是不显著的负向影响，验证了分假设。数字服务贸易自由化对发达经济体复杂价值链贸易出口国内增加值率在低、高技术制造业层面都发挥了较好的正向促进作用，而对于发展中经济体的显著正向作用主要表现在低技术制造业上，高技术制造业的正向作用不显著。但数字服务贸易自由化对发展中经济体复杂价值链贸易出口国内增加值率的影响潜力要大于发达经济体。

第二节 对策建议

在以上研究结论的基础上，针对我国就如何通过数字服务贸易自由化发展提升制造业出口国内增加值率，提出以下几点对策建议。

一 突破数字服务贸易壁垒和瓶颈，提升数字服务贸易自由化水平

我国应在维护国家信息与经济安全的前提下，坚持数字服务对外开放，逐步减少基础设施联通、电子交易、支付系统、知识产权等方面的限制性壁垒。在基础设施联通方面，推进硬件互联互通、软件融合和网络布局，推进光纤、数字微波、卫星、数据通信等公共电信基础设施建设，弥补互联网基础设施短板，缩小数字鸿沟，提高我国网络覆盖率和信息化水平[①]。在积极发展大数据、云计

---

① 陈秀英、刘胜：《数字化时代中国服务贸易开放的壁垒评估及优化路径》，《上海经济》2019年第6期，第5~15页。

算、人工智能等数字技术的基础上，我国应进一步建立健全跨境电子交易的相关法律法规，减少因监管缺失造成交易成本的增加和法律环境的分割等问题。另外，对于外国企业从事电子商务活动，我国应取消许可或授权的歧视性条件，探索对从事跨境电商活动的外国企业实行国民待遇相关规则的制定。逐步建立完善的跨境支付监管体系，利用数字技术丰富监管手段，增强跨境支付系统的兼容性，减少网上银行等电子支付的限制性措施。进一步完善知识产权保护法律法规体系，营造良好的知识产权保护环境。要运用互联网、大数据、区块链等技术手段，加强知识产权侵权处罚机制建设，通过监控追溯源头以及互联网识别等方式，提高知识产权侵权处罚的准确性。

二 推动数字服务贸易规则标准制定，加强数字服务贸易国际合作

我国应在提高国内数字基础设施、数字服务贸易水平的基础上，加快引进国外先进数字服务行业标准和技术，并在海南与福建等自贸试验区对数据跨境自由流动、数据知识产权保护等国际规则标准进行先行先试①。依托我国在信息技术服务、数字内容服务和国际服务外包领域等方面的优势，结合现有的高标准数字服务贸易协定，提出我国数字服务贸易规则的主张和规划，并积极与发达经济体在数字服务贸易规则制定方面协调立场、凝聚共识。通过与周边国家或发达经济体签订更多涉及数字服务贸易条款的相关协定，

---

① 赵瑾：《新冠肺炎疫情危机后全球服务贸易发展的十大走势与中国机遇》，《财经智库》2020年第5期，第105~118+143页。

提升区域及双边自由贸易谈判中数字服务贸易规则中国方案的影响力。应加强与政府部门、有关国际组织和跨国企业的合作，推进技术合作机制建设，特别是充分发挥我国5G技术的领先优势，积极探索建立全球信息系统，推动跨境数据流动自由化发展，降低各经济体间信息互联互通成本，最大限度地利用全球数据资源，实现数字红利让全球人民共享。

三 提升制造业与数字服务技术的融合能力，推动制造业数字服务化升级

推动制造业与数字服务的融合发展，既是推动制造业升级与高质量发展的重要举措，也是促进数字服务贸易发展的基本方略。我国要加快建设"数字中国"，推动云服务、智能制造等新模式的发展，重点扩大与制造业相关的信息技术、研发设计等数字服务的进口，增强对制造业创新和价值链升级的支撑能力。依托强大的国内消费市场，趁着国内数字经济快速发展的良好势头，提升金融保险、研发设计、信息技术服务、知识产权等数字服务业综合竞争力，促进制造业新型商业模式的形成。要立足国内实际，不断优化数字服务市场资源，推动国内外数字服务向制造业渗透，提高制造业产品设计研发、生产制造、营销和售后服务环节效率，促进国内各环节增值创造能力的不断提高。

四 分层次、有步骤地有序推动我国不同技术密集型制造业数字服务化程度提升

数字服务贸易自由化对不同密集型制造业出口国内增加值率影响存在较大差异，基于此，应加大对低技术制造业投入力度，抓住

数字化转型升级机遇，提升其数字服务化水平，促进其生产率进一步提升。高技术制造业要结合自身分工较细、国际一体化生产分布地域广泛、以复杂价值链为主且对数字服务需求大、质量要求高的特点，不断加大国内外优质数字服务的投入，促进高附加值创造与出口国内增加值率的跃升。促进数字服务贸易自由化对中技术制造业出口国内增加值率提升边际效应的最大限度发挥，一方面应有效利用数字服务技术，促进分工程度进一步细化，提升其数字服务化程度，促进各个环节价值创造能力提升；另一方面通过相关法律法规建设，保障国内外数字服务对其价值链各环节协调能力以及出口国内增加值率提升边际效应的有效发挥。

五 加强数字服务贸易人才培养，为制造业出口国内增加值率提升提供智力支持

当今各国数字经济竞争的实质是人才的竞争，我国也在加快战略实施与政策制定，以求发挥人才对数字经济发展的推动作用，但现在我国技术型人才仍然处于较为缺乏的状态，对于人才特别是高科技人才求贤若渴。因此，我国应出台相应制度政策，鼓励在海外学习生活的优秀数字经济人才以及高端技术人才回国创新创业，同时鼓励国内院校注重数字服务贸易领域学术型人才和专业型人才的培养，实现内外人才高效协同供给。我国应加速对于基层职业学习培训的数字化以及智能化转型，适应服务贸易数字化转型对人员技术与能力方面所提出的新要求。提升我国全体公民的数字化与信息化素养，宣传普及相关知识，提倡公民对数字化知识的终身学习，实现人才的数字化转型，为制造业出口国内增加值率提升提供更高效的智力支持。

图书在版编目(CIP)数据

数字服务贸易自由化对制造业出口国内增加值率的影响/赵立斌,孙玉颖著.--北京:社会科学文献出版社,2022.10
　ISBN 978-7-5228-0464-4

　Ⅰ.①数… Ⅱ.①赵… ②孙… Ⅲ.①服务贸易-影响-制造工业-出口贸易-工业增加值-研究-中国 Ⅳ.①F426.2

　中国版本图书馆CIP数据核字(2022)第135749号

数字服务贸易自由化对制造业出口国内增加值率的影响

著　　者 / 赵立斌　孙玉颖

出 版 人 / 王利民
责任编辑 / 宋　静
责任印制 / 王京美

出　　版 / 社会科学文献出版社·皮书出版分社（010）59367127
　　　　　地址：北京市北三环中路甲29号院华龙大厦　邮编：100029
　　　　　网址：www.ssap.com.cn

发　　行 / 社会科学文献出版社（010）59367028
印　　装 / 三河市尚艺印装有限公司

规　　格 / 开　本：787mm×1092mm　1/16
　　　　　印　张：13.75　字　数：165千字

版　　次 / 2022年10月第1版　2022年10月第1次印刷
书　　号 / ISBN 978-7-5228-0464-4
定　　价 / 98.00元

读者服务电话：4008918866

▲ 版权所有 翻印必究